はじめに

　この教科書は一通りフランス語の初級文法を終えた人たちを対象にしています。レベルとしては仏検3級から2級合格、DELF の A2~B1 修得を視野に入れました。総合的なフランス語の知識を深め、初級から中級そして上級への入り口を目指します。

　10課はすべて6ページ構成で、それぞれの課は、フランスの海外領土に関するテクストと読解確認（1～2ページ）、文法と練習問題、語彙の学習（3～4ページ）、Communication（5～6ページ）の構成を概ねとっています。Communication では、聞き取り、会話練習に加えて、自らフランス語で文章を書く問題を多く取り入れました。また、言葉遊びも随所にありますので、勉強に疲れた時には、頭を柔らかくして、なぞなぞやしりとりを解いてみてください。

　本書のもう一つの狙いは、海の向こう側 (outre-mer) にあるフランス海外領土を知ることです。21世紀の現在、フランスは、ヨーロッパだけでなく、依然として南アメリカ、アフリカ、南太平洋にも存在しています。なぜでしょう？　それには歴史的な背景があります。いま誰がそこに住み、どのような生活をしているのでしょう？　実際に海外領土では、通貨も宗教も違えば、フランス語以外の言語が日常的に話されている地域もあります。そんなフランスの多様な姿を海外領土の視点から学ぶことで、新たな刺激を受け、自らの興味がさらに広がっていけば幸いです。

Bon voyage en France Outre-mer !!

中尾和美

Un grand merci à Claude Jeanneteau pour sa relecture attentive de la partie française du manuel.

音声ダウンロード＆ストリーミングサービス（無料）のご案内

https://www.sanshusha.co.jp/onsei/isbn/9784384232127/

本書の音声データは、上記アドレスよりダウンロードおよびストリーミング再生ができます。ぜひご利用ください。

Découverte des territoires français d'outre-mer

フランス海外領土の概要

地名	日本語表記	行政区分	仏領になった年	人口 (2014)*	面積 (km²)	通貨	フランス語以外で優勢な言語
La Réunion	レユニオン	海外県 （DROM）	1663	842,767	2,512	ユーロ	créole réunionnais
Mayotte	マヨット	海外県 （DROM）	1841	212,645	374	ユーロ	mahorais (shimaoré)
Guadeloupe	グアドループ	海外県 （DROM）	1635	400,186	1,702	ユーロ	créole à base française
Martinique	マルティニーク	海外県 （DROM）	1635	383,911	1,128	ユーロ	créole à base française
Guyane	仏領ギアナ	海外県 （DROM）	1604	252,338	86,500	ユーロ	créole à base française および créole bushinenge à base anglo-portugaise
Saint-Pierre-et-Miquelon	サンピエール・ミクロン	海外共同体 （COM）	1816	6,034	242	ユーロ	—
Saint-Barthélemy	サン・バルテルミー	海外共同体 （COM）	1878	9,427	25	ユーロ	créole à base française
Saint-Martin	サン・マルタン	海外共同体 （COM）	1816	35,107	86	ユーロ	anglais saint-martinois
Wallis et Futuna	ワリス・フテュナ	海外共同体 （COM）	1887	12,067	124	CFP	wallisien, futunien
Polynésie française	仏領ポリネシア	海外共同体 （COM）	1842	281,674	4,200	CFP	tahitien
TAAF	仏領南方・南極地域	海外共同体 （COM）	1893 (les îles Kerguelen) 1955 (TAAF 成立)	—	439,677	—	—
Nouvelle-Calédonie	ニューカレドニア	特別共同体	1853	320,595	18,575	CFP	langues kanak

* ただし，ワリス・フテュナは 2018 年，仏領ポリネシアは 2017 年の人口

Langues régionales de France

フランスの地域語

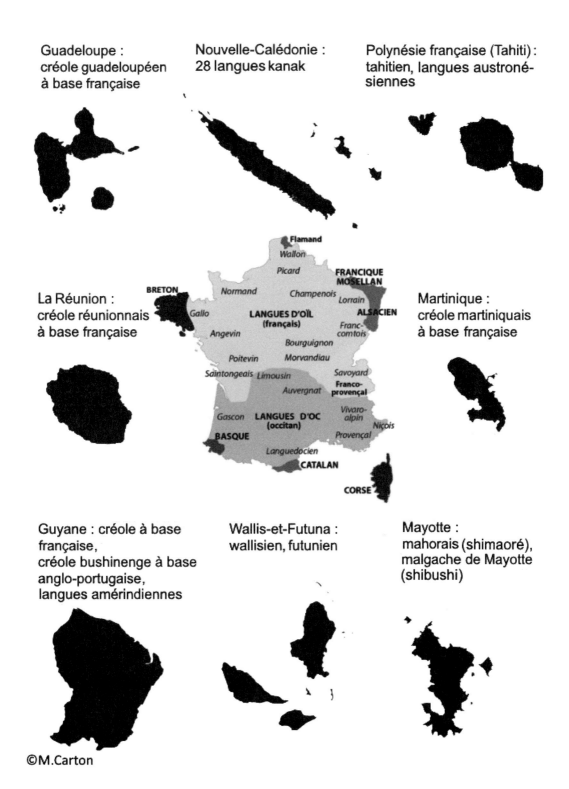

Guadeloupe :
créole guadeloupéen
à base française

Nouvelle-Calédonie :
28 langues kanak

Polynésie française (Tahiti) :
tahitien, langues austroné-
siennes

La Réunion :
créole réunionnais
à base française

Martinique :
créole martiniquais
à base française

Flamand
Wallon
Picard
FRANCIQUE
MOSELLAN
Normand
Champenois
Lorrain
BRETON
ALSACIEN
Gallo
LANGUES D'OÏL
(français)
Franc-
comtois
Angevin
Bourguignon
Poitevin
Morvandiau
Saintongeais
Limousin
Savoyard
Franco-
provençal
Auvergnat
Vivaro-
alpin
Gascon
LANGUES D'OC
(occitan)
Niçois
BASQUE
Provençal
Languedocien
CATALAN
CORSE

Guyane : créole à base
française,
créole bushinenge à base
anglo-portugaise,
langues amérindiennes

Wallis-et-Futuna :
wallisien, futunien

Mayotte :
mahorais (shimaoré),
malgache de Mayotte
(shibushi)

©M.Carton

5

Territoires français d'outre-mer

フランスの海外領土

(Hawaii)

Saint-Pierre-
et-Miquelon

Saint-
Martin

Saint-Barthélemy
Guadeloupe

*Mer des
Caraïbes*

Martinique

Clipperton

Guyane française

Océan Pacifique

*Océan
Atlantique*

Polynésie
française

©M.Carton

Océan Glacial Arctique

(Île Minamitori)

Wallis-
et-Futuna

Mayotte

**Océan
Indien**

Tromelin
TAAF

La Réunion

Nouvelle-
Calédonie

Îles Éparses
TAAF

Saint-Paul
Nouvelle Amsterdam
TAAF

Crozet
TAAF

Kerguelen
TAAF

Terre Adélie
TAAF

Table des matières   目次

1 Outre-mer, ça veut dire quoi ?

L'institutrice parle avec un élève, Benjamin.

Benjamin : Madame, qu'est-ce que vous avez fait pendant les vacances d'été ?

Institutrice : Je suis allée voir ma fille, à Fort-de-France, en Martinique.

Benjamin : La Martinique ? C'est un pays ?

Institutrice : Pas vraiment, Benjamin, c'est une île qui fait partie de la France. C'est un département d'outre-mer.

Benjamin : « Outre-mer », ça veut dire quoi ?

Institutrice : Ça désigne des territoires qui appartiennent à la France, mais qui ne sont pas en Europe. Ils sont outre-mer, c'est-à-dire au-delà des mers.

Benjamin : Mais c'est loin de la France, pourquoi est-ce à la France ?

Institutrice : C'est une vieille histoire. À la fin du XVe siècle, les marins d'Europe sont partis à la découverte du monde entier, ils se sont installés sur tous les continents qu'ils ont trouvés et ont colonisé des pays. Au début du XXe siècle, l'empire français était le deuxième empire après l'empire britannique. Seulement, après la Seconde Guerre mondiale, de nombreux pays colonisés ont demandé leur indépendance. Maintenant, l'outre-mer français représente 12 territoires avec 2,6 millions d'habitants.

Benjamin : Et ils seront toujours français ?

Institutrice : Certains sont très autonomes. La Nouvelle-Calédonie et la Polynésie française, dans le Pacifique, sont presque des pays, elles ont des lois à elles et un gouvernement. D'autres ont choisi d'avoir les mêmes lois ou presque qu'en France, ce sont les cinq départements d'outre-mer, ils font partie de l'Union européenne. En Amérique du Sud, à côté du Brésil, il y a la Guyane et, dans les Caraïbes, la Guadeloupe et la Martinique où je suis allée. Dans l'Ouest de l'océan Indien, on trouve La Réunion et Mayotte. Enfin, il y a même des territoires inhabités, des îles désertes dont les plus connues sont Clipperton ou les Kerguelen.

Fort-de-France フォール・ド・フランス，マルティニークの県庁所在地　**faire partie de** 〜の一部を成す　**département d'outre-mer** （フランスの）海外県　**appartenir à** 〜に所属する　**certains... d'autres** 〜もあれば〜もある　**elles ont des lois à elles** 独自の法律を持つ　**les mêmes... qu'en France** フランスと同じ〜

Lisez le texte et dites si le contenu des phrases est vrai ou faux. Justifiez votre réponse.

本文を読み，次の文章が内容に合致しているか vrai または faux で答えましょう。
またその理由をフランス語または日本語で説明しましょう。

		vrai	faux
a)	L'institutrice est allée voir sa petite-fille.	☐	☐
b)	La Martinique est en Europe.	☐	☐
c)	La Réunion se trouve dans l'Ouest de l'océan Indien.	☐	☐
d)	Il y a 10 territoires français d'outre-mer.	☐	☐
e)	La Polynésie française est un département d'outre-mer.	☐	☐
f)	La Guyane fait partie de l'Union européenne.	☐	☐
g)	La Nouvelle-Calédonie est dans la mer Méditerranée.	☐	☐
h)	La France compte 5 départements d'outre-mer.	☐	☐

フランス海外領土の分類 (les territoires d'outre-mer)

● 海外県(**DROM : Départements et Régions d'Outre-Mer**)：la Guadeloupe(グアドループ)，la Guyane (仏領ギアナ)，la Martinique (マルティニーク)，Mayotte (マヨット)，La Réunion (レユニオン)

　欧州のフランスとまったく同じ地位を有し，EU 選挙にも投票権があります。

● 海外共同体（**COM : Collectivités d'Outre-Mer**)：la Polynésie française (仏領ポリネシア)，Saint-Barthélemy (サン・バルテルミー)，Saint-Martin (サン・マルタン)，Saint-Pierre-et-Miquelon (サンピエール・ミクロン)，Wallis-et-Futuna (ワリス・フテュナ)，TAAF (Terres Australes et Antarctiques Françaises：仏領南方・南極地域)

● 特別共同体（**Collectivité *sui generis***)：la Nouvelle-Calédonie (ニューカレドニア)

　なお，la Nouvelle-Calédonie, la Polynésie française, Wallis-et-Futuna では，独自の通貨 CFP フランが使用されています。[→詳しくは Leçon 4 参照]

UN PEU DE GRAMMAIRE

(A) Le pronom relatif 関係代名詞 : **qui, que, où, dont**

- **qui** : *c'est une île **qui** fait partie de la France*
- **que** : *tous les continents **qu'**ils ont trouvés*
- **où** : *la Martinique **où** je suis allée*
- **dont** : *des îles désertes **dont** les plus connues sont Clipperton ou les Kerguelen*

(B) L'accord du participe passé 過去分詞の一致

- 代名動詞以外の複合時制 : être を助動詞にとる場合，過去分詞は主語の性と数に一致

  ► *Je suis **allée** voir ma fille*

- 代名動詞の複合時制 : 再帰代名詞が直接目的補語の場合，過去分詞は主語の性と数に一致

  ► *ils se sont **installés** sur tous les continents*

- 直接目的補語が過去分詞よりも前にある場合，過去分詞は**直接目的補語**の性と数に一致

  ► *tous les continents qu'ils ont **trouvés***

Complétez le texte avec un pronom relatif ou le participe passé du verbe indiqué.
適切な関係代名詞を入れ，またカッコ内の動詞を適切な形にしましょう。

La maison (**1**. ....) Valérie et Luc ont (**2**. .... *louer*) à Sainte-Anne, en Martinique, est bien située. Elle est non seulement près de la plage de Pointe Marin, mais aussi pas très loin du stade municipal de la ville (**3**. ....) leur fils fait du foot tous les jours de la semaine. Ils ont choisi cette maison aussi parce qu'il y a un immense parc juste à côté. En effet, ils ont (**4**. .... *adopter*) un grand chien (**5**. ....) le nom est Fido et (**6**. ....) Valérie promène tous les jours, le matin et le soir. D'ailleurs, hier, ils se sont (**7**. .... *promener*) sous la pluie, ils sont (**8**. .... *rentrer*) tout trempés !

12

3 **Traduisez en français.**

過去分詞の形に注意して，フランス語にしましょう。

a) アリスはニューカレドニアの叔父の家で休養した。

b) メールを何通書いたの？ － 5通書いたよ。

c) 私たちは楽しいヴァカンスをグアドループで過ごした。

d) バンジャマンとソフィは偶然駅で出会った。

e) これは去年バーゲンで買った靴です。

f) アメリは友達のメールアドレスを思い出した。

g) これは昨日ダウンロードした曲だけど，なかなかいいよ。

h) 先日あなたにお話した本屋が，フォール・ド・フランスの中心にあります。

VOCABULAIRE

4 **Indiquez le verbe qui correspond à chaque nom.**

次の名詞と派生関係にある動詞の不定形を書きましょう。

1) la colonisation ►   2) la connaissance ►

3) l'appartenance ►   4) le choix   ►

5) la découverte ►   6) l'installation   ►

5 **Cherchez l'intrus dans les familles de mots.**

それぞれの語群から意味的に無関係な語を1つ見つけましょう。

1) colonie / colonial / colonisateur / colonnade / colonisation / décolonisation

2) indépendant / dépendance / indépendamment / dépendre / dépense

3) loi / loisir / légal / légalité / légaliser / illégal

4) mer / marin / marine / marital / maritime / marina

5) monde / mondial / mondialement / émonder / mondialisme / mondialisation

Écoutez les infos et complétez le texte.
ニュースを聞いて空欄を埋めましょう。

🎧 5

L'(**1.** ....) français représente (**2.** ....) km² et compte plus de (**3.** ....) millions d'habitants. Les (**4.** ....) ultramarins possèdent un patrimoine (**5.** ....) et (**6.** ....) exceptionnel qui en fait des destinations (**7.** ....) très appréciées. Le (**8.** ....) représente entre 6 et 10 % du PIB. C'est l'île de La Réunion qui attire le (**9.** ....) de (**10.** ....) avec environ (**11.** ....) visiteurs par an, dont (**12.** ....) de Français de métropole et environ 36 000 Européens.

En 2017, La Réunion a par ailleurs accueilli (**13.** ....) navires de croisière, pour un total de 34 588 croisiéristes et 15 642 (**14.** ....) d'équipage. Avec l'ouverture récente de deux vols (**15.** ....) hebdomadaires entre Madagascar, La Réunion et Canton, en Chine, l'(**16.** ....) espère aussi faire venir les touristes (**17.** ....).

ultramarin = outre-mer	**apprécié** 人気の高い
PIB = Produit Intérieur Brut の略称，国民総生産	**de métropole** フランス本国
par ailleurs しかも **navire de croisière** クルージング用の船舶	**Canton** 広州

Complétez la présentation des îles d'Okinawa en utilisant les mots suivants :
humanité, château, patrimoine, touristes, plages, espère, principale, île, novembre, km², fête, capitale.

発展練習：与えられた語を使って，沖縄の島々をフランス語で紹介しましょう。

L'Archipel d'Okinawa représente 1 418 (**1.** ....) et compte plus de 113 îles dont certaines sont inhabitées. L'île (**2.** ....), Okinawa, a pour (**3.** ....) la ville de Naha. Dans la vieille ville se trouve le (**4.** ....)

de Shurijo, site classé au (**5.** ....) mondial de l'(**6.** ....) par l'Unesco.

Dans la partie la plus au sud se trouve l'archipel Yaeyama, centré sur l'(**7.** ....) d'Ishigaki très appréciée pour ses (**8.** ....) de sable fin. À Ishigaki, les visiteurs auront peut-être la chance d'assister à la grande (**9.** ....) de la ville, *Ishigaki matsuri*, qui a lieu en (**10.** ....).

En 2017, l'archipel d'Okinawa a accueilli 9,5 millions de (**11** ....) dont 2,6 millions de visiteurs étrangers. D'ici 2020, la préfecture (**12** ....) avoir 12 millions de touristes et un bénéfice d'1 billion de yens.

Une charade.

言葉遊び：例にならって言葉を当てましょう。

Ex.	*Mon premier est le contraire de haut.*	►	bas
	Mon deuxième est le contraire de tard.	►	tôt
	Mon tout sert à se déplacer sur l'eau.	►	bateau

Mon premier est une boisson japonaise de couleur verte. ►

Mon second est la base de l'alimentation des Chinois. ►

Mon troisième arrive après « moi ». ►

Mon quatrième est une lettre française difficile à prononcer. ►

Mon tout désigne une partie de la surface terrestre. ►

2 Vous parlez français ?

🎧7

En France, il y a plusieurs manières de dire bonjour : « bonghjornu » en corse, « güater Tag » en alsacien, « demat » en breton ou encore « bonjorn » en occitan. Tous ces mots sont issus des langues régionales françaises, des langues « minoritaires », pratiquées traditionnellement sur le territoire de la France. On estime à 75 le nombre de langues parlées en France métropolitaine et d'outre-mer. Dans l'hexagone, on trouve l'alsacien, le breton, le corse ou l'occitan et, en outre-mer, les créoles guadeloupéen, martiniquais, guyanais, réunionnais, ou encore les 28 langues kanakes, en Nouvelle-Calédonie. Comme le français, elles ont leur grammaire, leur vocabulaire et aussi leur littérature : il existe des écrivains en créole, tels que Raphaël Confiant, et des poètes en occitan, comme Frédéric Mistral, prix Nobel de littérature en 1904.

Toutefois, à la fin du XIXe siècle, quand l'école est devenue obligatoire, les élèves ne devaient parler que le français. En classe, s'ils parlaient, par exemple le breton, ils étaient punis.

Quelle est la situation actuelle des langues régionales ? Certaines ne sont plus transmises par les parents aux enfants, bien que leur enseignement soit encouragé, comme c'est le cas du breton, enseigné dans les écoles Diwan. D'autres sont encore très parlées : en métropole, l'alsacien est parlé par environ 42% des Alsaciens. En outre-mer, à Mayotte où le français n'est pas la langue maternelle de la plupart des autochtones, le shimaoré et le kibushi sont les deux principales langues parlées.

En conclusion, bien que la Constitution française stipule que « la langue de la République est le français », nombreuses sont les langues régionales activement parlées sur le territoire.

---

issus des langues régionales 地域語に由来する ［地域語については p. 5, p. 17 参照］ **on estime à 75 le nombre...** ～の数は 75 と推定される **en France métropolitaine** (または en métropole) フランス本土では ［海外領土と対比させた名称］ **créole** クレオール諸語 ［p. 17 参照］ **tels que** ～のような ［tel はかかる名詞の性と数に一致］ **Raphaël Confiant** (1951-) ラファエル・コンフィアン, マルチニーク島出身の作家 **Frédéric Mistral** (1830-1914) フレデリック・ミストラル, プロヴァンス地方の作家 **école Diwan** ブルトン語で学科を教える学校組織 ［diwan はブルトン語で「発芽」を意味］ **autochtone** 原住民 **stipuler** (法律や憲法などに) 明記する **nombreuses sont les langues régionales...** ～のような地域語は多数ある ［主語と属詞の倒置］

Lisez le texte et dites si le contenu des phrases est vrai ou faux. Justifiez votre réponse.

本文を読み，次の文章が内容に合致しているか vrai または faux で答えましょう。 またその理由を，フランス語または日本語で書きましょう。

		vrai	faux
a)	Les langues régionales ont la même grammaire que le français.	☐	☐
b)	L'occitan est enseigné dans les écoles Diwan.	☐	☐
c)	Frédéric Mistral a obtenu le prix Nobel de littérature en 2004.	☐	☐
d)	Presque 40% des Alsaciens de métropole parlent l'alsacien.	☐	☐
e)	« güater Tag » veut dire « bonjour » en allemand.	☐	☐
f)	La France métropolitaine et d'outre-mer compte environ 75 langues régionales.	☐	☐
g)	La langue officielle de la France est le français.	☐	☐

フランスにおける地域語 (les langues régionales)

地域語は歴史的にフランスの地で話されてきた言葉で，1790 年の調査によれば，当時の人口の約 4 分の 1 が地域語のみで生活していたことが記録されています。現在 75 ある地域語のうち 3 分の 2 が海外領土で使われており，中でもニューカレドニアでは 28 の地域語が話されています。フランス本土で使われているオック語やコルシカ語はフランス語と同じロマンス諸語なのでフランス語に比較的似ていますが，アルザス語（ゲルマン語派），ブルトン語（ケルト語派），バスク語（孤立語）はフランス語とはかなり異なった言語です。2008 年の憲法改正では，「地域語はフランスの遺産である」との条項が新たに加えられました。

クレオール (le créole)

クレオールは地域語の 1 つで，グアドループ，マルティニーク，仏領ギアナなどで日常的に使われています。各地で使用されているクレオールはそれぞれ異なった言語ですが，グアドループのクレオールとマルティニークのクレオールは似通っており，互いに意志の疎通が可能であると言われています。クレオールの誕生は，16 ～ 17 世紀に遡ります。当時ヨーロッパ諸国はアメリカで植民地経営をしていましたが，それに伴い，プランテーションで働かせる奴隷がアフリカ大陸から大量に新大陸に連れてこられました。その結果，異なった言語を話す人々が一緒に働く特殊な環境が作られ，そこで数十年という比較的短い期間に生まれた言語がクレオールです。

**Écoutez les langues régionales sur l'*Atlas sonore des langues régionales de France*
https://atlas.limsi.fr/**

UN PEU DE GRAMMAIRE

(A) Le pronom « en » 中性代名詞　en

● **en** ＝〈複数不定冠詞 des ＋複数名詞〉,〈部分冠詞＋名詞〉,〈数量表現＋名詞〉

直接目的補語として使用。動詞の前に置かれるが，複合形の過去分詞は不変。数量表現が伴うこともある。

▶ *Combien de baguettes as-tu achetées ? – J'**en** ai acheté **deux**.*

● **en** ＝〈前置詞 de ＋名詞または不定詞〉

▶ *Je rêve d'aller à Tahiti, j'**en** rêve toutes les nuits !*

▶ *Elle est triste d'apprendre cette nouvelle ? – Oui, elle **en** est triste.*

▶ *Tu viens de la gare ? – Oui, j'**en** viens.*

(B) La négation さまざまな否定

● *Moi, je **ne** suis **pas** fatigué.*

● *Je suis végétalienne, je **ne** mange **que** des légumes.*

● *Alex **n'**est **plus** étudiant, il travaille.*

● *Tu as déjà joué au baseball ? – Non, je **n'**y ai **jamais** joué, et toi ?*

● *Ma femme **ne** s'occupe **guère** du jardinage.*

● *Tu vois quelqu'un dans la maison ? – Non, je **ne** vois **personne**.*

● *Tu bois quelque chose ? – Non merci, je **ne** veux **rien**.*

● *Tu as une amie alsacienne ? – Non, je **n'**ai **aucune** amie alsacienne.*

● *Je **ne** connais **ni** le breton, **ni** l'alsacien.*

● 組み合わせが可能な否定もある。

▶ *Je **ne** lui ferai **plus jamais** confiance.*

*Il **n'**y a **plus rien** dans le frigo.*

***Jamais personne ne** m'écoute !*

*Je **n'**ai **jamais** eu **aucun** ami alsacien.*

(2) Répondez aux questions en utilisant le pronom « en » et la consigne entre crochets.

[　　　] 内の指示に従って，次の質問に en を使って答えましょう。

1) Combien d'oignons as-tu achetés ?　[*deux kilos*]

2) Avez-vous besoin de votre passeport pour aller en Martinique ?　[*Non, ~*]

3) Es-tu sûre d'aller à Tahiti l'année prochaine ?　[*Non, ~*]

4) Veux-tu encore de la soupe ?　[*Oui, ~ un peu ~*]

5) Monsieur et madame Gasquet sont-ils fiers du travail de leur fille ? [*Oui, ~ très ~*]

③ Choisissez une expression et complétez les phrases.

ふさわしい否定表現を選びましょう。

1) Mon grand-père me parle souvent en créole, mais je ne comprends (*personne* / *aucun* / *rien*).

2) La langue bretonne est enseignée dans les écoles Diwan, mais les jeunes ne la parlent (*plus* / *rien* / *aucune*) beaucoup.

3) Avant, on parlait le corse dans ce village, mais maintenant on ne le parle (*plus guère* / *plus rien* / *plus personne*).

4) Le basque ne ressemble à (*aucun* / *aucune* / *rien*) langue romane.

5) Iban vient du pays basque, mais il n'en connaît (*aucun* / *aucune* / *jamais*) mot.

6) Malheureusement, je ne connais (*personne* / *rien* / *guère*) qui habite à Tahiti.

7) Maintenant, il n'y a (*plus qu'* / *plus jamais* / *plus aucune*) une émission en breton à la radio.

VOCABULAIRE

④ Dans le texte, cherchez les adjectifs de 1 à 4 (ou leur forme au féminin ou au pluriel) et cochez leur contraire.

🎧**9**

１～４の語を本文中から探し出し，その反対語を選びましょう。

1) minoritaire	☐ majoritaire	☐ minotaure	☐ militaire
2) obligatoire	☐ oblitéré	☐ nécessaire	☐ facultatif(ve)
3) actuel(le)	☐ actuaire	☐ ancien(ne)	☐ moderne
4) nombreux(se)	☐ petit	☐ rare	☐ nominal

⑤ Un rébus

言葉遊び：例に従い，絵を見て語を作りましょう　（答えは p.16 のテクスト本文中にあります）。

ヒント：[ハードル] [のり] [地下鉄] [極] [巣] [臭い]

Ex. 👣 + 🐀 + 🌧 = pas + rat + pluie = *parapluie*

1) [ハードル] + [のり] =

2) [臭い] + [巣] =

3) [地下鉄] + [極] =

©M.Carton

6 Écoutez et complétez la conversation.
会話を聞いて，空欄を埋めましょう。 🎧**10**

Yann : Bonjour, ça va ?

Elsa : Oui, ça va. J'ai un peu (**1.** …….........), on va (**2.** ………………) une pizza au restaurant ?

Yann : Une pizza ? Non, j'en ai mangé une (**3.** …..........) ! Dis-moi, tu as déjà mangé une (**4.** …..............) crêpe ?

Elsa : Une vraie crêpe ?

Yann : Oui, une crêpe (**5.** …...........................……...), salée ou (**6.** ……....……....……......).

Elsa : Non, c'est bon ?

Yann : Excellent ! Je (**7.** ……………........……..) une bonne crêperie près d'ici. On y va ?

Elsa : D'accord ! Comment (**8.** …………….....……......) cette crêperie ?

Yann : Paris Breizh Italie !

Elsa : Pardon ? Paris et Italie, je (**9.** ……………), mais Breizh, qu'est-ce que ça veut dire ?

Yann : C'est le nom breton qui (**10.** …….....…....…....) la Bretagne. *Deomp da zebriñ ur grampouezhenn* !

Elsa : Qu'est-ce que tu dis ?

Yann : C'est du breton ! Ça veut dire : « Allons manger une crêpe ! »

Elsa : Tu (**11.** …….....…………...............) breton, toi ?

Yann : Oui, ma (**12.** ……....…………) est bretonne et je vais (**13.** …………............….) tous les étés à Quimper.

Elsa : Ah bon, je ne savais pas !

La Bretagne ブルターニュ。Côtes-d'Armor, Finistère, Ille-et-Vilaine, Morbihan の４つの県から構成される，フランス北西部に位置する地域圏。ブルトン語を話す人々もいる。そば粉を使ったクレープが有名

Quimper カンペール。Finistère 県の県庁所在地

7 Sur le modèle de la conversation ci-dessous, invitez votre voisin à manger.
下のモデルを使って隣の人を 1) ～ 4) の食事に誘いましょう。

1) hamburger (m.) sushis (m.pl.) Sakura	2) crêpe (f.) couscous (m.) Chez Omar
3) frites (f.pl.) acra (m.) La Créole	4) curry (m.) colombo (m.) Pointe-à-Pitre

> **acra** アンティル諸島の揚げ物で，タラのすり身や野菜を小麦粉やスパイスと混ぜ，丸めて揚げたもの
> **colombo** 香辛料コロンボで鶏肉などを煮たアンティル諸島の料理

A : J'ai un peu faim, on va manger .... ?

B : .... ? Non, j'en ai mangé .... hier. Dis-moi,

tu as déjà mangé .... vrai….. .... ?

A : .... ? Non, c'est bon ?

B : Excellent ! Je connais un bon restaurant près d'ici. On y va ?

A : D'accord ! Comment s'appelle ce restaurant ?

B : Il s'appelle ....

8 Posez les questions suivantes à votre voisin. Répondez par « moi aussi », « moi, non », « moi non plus » ou encore « moi, si » et complétez, si nécessaire. 🎧**11**
隣の人に以下の質問をし，« moi aussi » などを使って答え，さらに会話を発展させましょう。

1) Je n'ai jamais appris l'anglais, et toi ?	2) Je ne bois que du thé japonais, et toi ?
3) Je n'utilise plus mon smartphone, et toi ?	4) Je ne mange rien au petit-déjeuner, et toi ?
5) Je ne connais personne dans la classe, et toi ?	6) Je n'ai ni chien, ni chat, et toi ?
7) Je ne pratique aucun sport, et toi ?	8) Je viens tous les jours à l'université, et toi ?
9) Je ne suis pas étudiant(e), et toi ?	10) Je n'ai plus rien dans mon sac, et toi ?

3 Mayotte, la musulmane

🎧12

Les premières traces d'islamisation de l'île de Mayotte remontent au IXe siècle et, aujourd'hui, la majorité de la population de l'île pratique la religion musulmane. Ainsi, avant le lever du soleil (entre 4h30 et 5h), les hommes se rendent dans les mosquées pour y effectuer la première des cinq prières qui rythment la journée. Les enfants vont dans les madrassas (écoles coraniques), avant ou après l'école républicaine laïque, pour y recevoir un enseignement religieux.

À Mayotte, l'islam n'est pas seulement une pratique religieuse, c'est aussi un mode de vie. Tous les événements, petits et grands, sont accompagnés de pratiques religieuses. Ne soyez donc pas surpris d'entendre les Mahorais dire « Inch'Allah » ou son équivalent mahorais « Neka mungu a vendze » (si Dieu le veut) !

Mais comme Mayotte est une terre de métissage, l'islam mahorais cohabite parfaitement avec les autres pratiques religieuses, jusqu'à se mélanger avec certaines d'entre elles. C'est le cas notamment de certaines cérémonies de désenvoûtement telles que le « roumbou », d'origine malgache, ou les « ziara », lieux de commémoration des ancêtres, pratique d'origine animiste.

Cette présence de l'islam est encore plus forte lors du mois sacré du ramadan. Tout est organisé pour que les croyants puissent bien vivre ce mois de fête. Les magasins et administrations décalent leurs horaires de fermeture pour laisser le temps aux familles de préparer le foutari, le repas de rupture du jeûne. Les activités profanes, telles que les concerts ou les balades à la plage, sont mises en suspens et la manifestation de la foi se concrétise par la reprise à haute voix des versets du Coran, lors de la prière nocturne du « tarawih ».

remonter à 〜に遡る　**l'école républicaine laïque**（école coranique と対立させて）宗教色のない共和主義の学校　**un mode de vie** 生活様式　**petits et grands** 小さいものも大きいものもすべての催し物は［直前の tous les événements にかかる］　**Mahorais** マヨットに住む人々　**si Dieu le veut** 神の御心のままに　**une terre de métissage** 多くの文化が混じり合った土地　**c'est le cas de ...** 〜の場合である　**cérémonies de désenvoûtement** 呪いを解く儀式　**lieux de commémoration des ancêtres** 先祖を祀（まつ）っている場所　**ramadan** イスラム教の断食　**profane** 非宗教的な　**mis en suspens** 中断される　**la manifestation de la foi se concrétise par ...** 〜によって信仰が具体的に示される　**la reprise à haute voix des versets du Coran** コーランの祈りを声に出して繰り返すこと

1 Lisez le texte et dites si le contenu des phrases est vrai ou faux. Justifiez votre réponse.

本文を読み，次の文章が内容に合致しているか vrai または faux で答えましょう。 またその理由をフランス語または日本語で書きましょう。

		vrai	faux
a)	Les habitants de Mayotte s'appellent les Malgaches.	☐	☐
b)	Le matin, avant le lever du soleil, les hommes et les femmes vont prier à la mosquée.	☐	☐
c)	Le « tarawih » est une prière nocturne.	☐	☐
d)	L'école républicaine donne un enseignement religieux aux enfants.	☐	☐
e)	Le « roumbou » est une cérémonie d'origine mahoraise.	☐	☐
f)	La majorité des Mahorais pratiquent la religion chrétienne.	☐	☐

マヨットの現状 (Mayotte aujourd'hui)

マヨットは，1843 年以来フランスに帰属する島です。マダガスカルの北に位置するこの小さな島は，住民投票の結果，2011 年から海外県（DROM）になりましたが，フランス語での義務教育が始まったのはわずか 1988 年からのことです。実際にフランス語を母語とする人は人口のわずか 1 ％程度で，日常的にはシマオレ語やシブシ語が使われています。宗教的にはほとんどの人々がスンニ派のイスラム教徒で，2011 年以前は，cadi と呼ばれるイスラム法の裁判官が司法を行っていました。現在では近隣のコモロ連合（Union des Comores）からの不法移民が増え続けていることから，フランス国籍を持たない人々が人口の半数を構成しています。移民の流入に加えて，高い出生率（5.0　※フランス本土は 1.9）が，島の人口増加に貢献しています。その一方で，平均 35% という高い失業率から，若者の多くは仕事を求めてフランス本土へと赴いています。

Le verbe pronominal　代名動詞

再帰代名詞を伴った動詞で，主として次の４つのタイプがある。

● 自分自身に向けられる行為

　　► *Je **me réveille** à 6 heures.*　　（me ＝直接目的補語）

　　　*Je **m'achète** une nouvelle voiture.* （me ＝間接目的補語）

● お互いに〜しあう（主語は通常複数）

　　► *Ils **se regardent** l'un l'autre.*　　（se ＝直接目的補語）

　　　*Sophie et Kevin **se téléphonent**.*　（se ＝間接目的補語）

● 助言，一般的な習慣，性質を示す（主語は通常「もの」，se ＝直接目的補語，時制は主として現在・半過去）

　　► *Le vin rouge **se boit** chambré. Parler la bouche pleine, ça ne **se fait** pas.*

● 代名動詞独自の用法：

　　1）代名動詞としてのみ存在

　　► *Tu **te souviens** de moi ? Je **me méfie** des gens trop parfaits.*

　　2）元の動詞の意味からずれる

　　► *Les hommes **se rendent** dans les mosquées. (cf. Il rend un livre à la bibliothèque.)*

Choisissez le verbe correct et mettez-le à la forme qui convient.
動詞を選び，必要に応じて適切な形にしましょう。

　　　Nathan et Manon (**1.** .... *rencontrer / se rencontrer*) à Nouméa, l'été dernier, quand Manon (**2.** .... *blesser / se blesser*) à la jambe en faisant de la plongée. Depuis leur retour à Paris, ils (**3.** .... *envoyer / s'envoyer*) des messages whatsapp et, petit à petit, Nathan est tombé amoureux de Manon. Hélas, celle-ci n'(**4.** .... *apprécier / s'apprécier*) pas beaucoup Nathan et n'arrête pas de (**5.** .... *moquer / se moquer*) gentiment de lui. Nathan, un peu naïf, pense que Manon l'aime bien et qu'elle (**6.** .... *attendre / s'attendre*) ses messages. En réalité, Manon aimerait bien (**7.** .... *débarrasser / se débarrasser*) de cet amoureux gênant et elle (**8.** .... *plaindre / se plaindre*) tout le temps de lui à ses amies qui (**9.** .... *demander / se demander*) bien pourquoi ces deux-là ne (**10.** .... *plaire / se plaire*) pas.

③ **Traduisez en français la carte postale d'Emma pour Léo, en utilisant les verbes pronominaux suivants :** *se réveiller, se trouver, se balader, se plaindre.*

上記 4 つの代名動詞を使って，エマがマヨットから友人のレオに宛てた絵ハガキをフランス語で書きましょう。

親愛なるレオ

マヨットに到着して 3 日になります。とても暑いですが，なかなかいいところです。私のホテルは海から遠くなく，モスクの近くにあります。今朝はお祈りへの呼びかけで目を覚ましました。夕方，海岸を散歩するのはとても気持ちがいいです。明日からラマダンが始まります。今夜はホテルで，マヨットの伝統音楽のコンサートがあります。マヨットの料理はあまり好きではありませんが，文句は言いません。 友情を込めて　エマ

Léo Béranger
12, rue Auber
Lille
5 9 0 0 0

©M.Carton

Mosquée de Tsingoni, Mayotte

VOCABULAIRE

④ **a) Notez le nom de lieu ou l'adjectif qui lui correspond.**

地域（または街）とそこに住む人（およびその派生形容詞）が対応するように表を埋めましょう。

⚠ *Myriam est une vraie <u>Parisienne</u> ! Luc habite en région <u>parisienne</u>.*

人を指す場合には語頭を大文字に！

la Guyane ► 1)	la Martinique ► 2)	Nice ► 3) ....
Mayotte ► 4)	5) .... ◄ tahitien(ne)	6) .... ◄ monégasque

b) Complétez le texte en utilisant les mots obtenus ci-dessus.

上記語彙を文脈に応じて選び，以下の文章の空欄を埋めましょう。

Je suis née à Monaco, j'ai la nationalité (**1.** ....), mais j'ai étudié à l'université de (**2.** ....), parce que j'adore l'arrière-pays niçois. Je me suis mariée avec un (**3.** ....), originaire de Fort-de-France ! Tous les jeudis, je fais de la danse (**4.** ....), avec un professeur qui vient de Tahiti ! Après le cours, je vais manger une salade (**5.** ....) dans un restaurant qui s'appelle « Au vieux Nice ».

25

COMMUNICATION ～～～～～～～～～～～～～～～～～～～～～～

5 Écoutez et complétez l'interview.
インタビューを聞いて空欄を埋めましょう。

La loi du 15 mars 2004：「公立の小・中・高校において，宗教上の帰属をこれ見よがしに誇示するような標章あるいは服装を禁じる」ことを制定した法律で，2004年3月15日に成立。通称「反スカーフ法 la loi anti-foulard」とも呼ばれる。1989年，パリ郊外の高校でスカーフの着用を主張するイスラム教徒の女子学生に対して，非宗教（laïcité）の原則からそれを認めない高校が退学処分を下した事件が発端となった。これにより教育現場への宗教の持ち込みについて社会を巻き込む論争となり，これを契機とする。

Journaliste : **La loi du 15 mars 2004,** en application du principe de laïcité, indique que le port de signes ou de tenues manifestant une appartenance (**1.** ....) dans les écoles, (**2.** ....) et lycées publics est interdit. Êtes-vous pour ou contre son (**3.** ....) aussi à l'université ?

*Meriem [22 ans, master1 de (***4.** ....)*] :* Je suis pour, je suis d'origine maghrébine, mais je suis contre le voile. Des femmes sont emprisonnées dans certains pays, parce qu'elles (**5.** ....) de porter le voile. La France ne doit pas (**6.** ....) le voile !

Martin [20 ans, 1ère année de psychologie] : Moi, je suis contre. Il n'y a pas de (**7.** ....) entre les voilées et les non voilées, on peut leur parler, on voit leur (**8.** ....), on voit leurs (**9.** ....). Ce ne sont pas des gens fermés d'esprit.

*Léna [19 ans, 2ème année de (***10.** ....)*] :* Moi aussi, je suis contre. On est à la fac, c'est (**11.** ....) Ça ne gêne (**12.** ....).

Thomas [étudiant à Sciences-Po] : Je suis pour , c'est une atteinte à la (**13.** ....). La neutralité religieuse est importante, particulièrement dans les établissements d'(**14.** ....).

*Safia [master1, en (***15.** ....)*] :* Je porte le voile. Bien sûr, il arrive qu'on ait des petites remarques des (**16.** ....) ou du personnel (**17.** ....), que l'on se fasse (**18.** ....).

Mais heureusement, ces moments (**19.** ....) ne sont pas fréquents.

Le fait de porter le voile n'a pas d'(**20.** ....) sur mon

(**21.** ....) d'étudiante.

⑥ Imaginez le nom et la spécialité de deux étudiants et notez leur opinion, une pour et une contre la loi du 15 mars 20XX.

20XX 年 3 月 15 日，公共交通機関や駅のホームで携帯電話やスマートフォンの使用が法的に禁止されると仮定して，この問題について，異なった分野を専攻する 2 人の学生を設定して，賛否両論をフランス語で書きましょう。

La loi du 15 mars 20XX, en application du principe de sécurité, indique que l'usage des téléphones portables ou smartphones est interdit dans les transports en commun, sur les quais et dans les trains.

Nom : ...., étudiant en ....

Opinion : *Je suis pour* ....

....

....

....

....

....

Nom : ...., étudiant en ....

Opinion : *Moi, je suis contre* ....

....

....

....

....

4 Le Franc... Pacifique change de couleur

🎧15

L'euro n'a pas fait disparaître le franc : il survit encore sous plusieurs formes, dont le Change Franc Pacifique (CFP) utilisé en Polynésie française, en Nouvelle-Calédonie et sur les îles Wallis-et-Futuna, les trois collectivités semi-autonomes d'outre-mer du Pacifique. Les billets CFP actuellement utilisés ont été conçus, pour les plus anciens d'entre eux, en 1968, mais ils vont changer.

Les nouveaux billets, qui pourront être échangés à partir du 20 janvier 2014, seront plus difficiles à falsifier et un signe en relief permettra aux personnes malvoyantes de les reconnaître. Chacun des billets de 500, 1 000, 5 000 et 10 000 francs CFP présentera une face consacrée à la Polynésie française, l'autre à la Nouvelle-Calédonie, et quelques éléments représentatifs de Wallis-et-Futuna. Les pièces ne seront pas modifiées.

La nature est le motif dominant de cette nouvelle gamme de billets, avec par exemple plusieurs oiseaux, une tortue et une raie sur le billet de 1 000 CFP, le plus utilisé, qui sera dans les tons orangés.

La monnaie FCFP (qui signifiait à sa création Franc des Colonies Françaises du Pacifique) date de 1945. Un billet de 1 000 francs Pacifique vaut 8,38 euros. Le passage à l'euro est régulièrement évoqué, mais il faut pour cela que les trois collectivités françaises du Pacifique le décident.

Si vous avez la chance d'aller à Tahiti, vous pourrez utiliser des CFP !

---

changer de couleur 色を変える **faire disparaître** 消滅させる [faire + *inf.* 使役] **dont le Change Franc Pacifique**（CFP）[関係詞節の動詞省略] その中には CFP フランがある（なお，このテクストは新 CFP フラン切替以前に書かれた記事をベースにしているので，2021 年 12 月 1 日付で変更されることになったコインについては当時の見解が書かれている） **collectivité** 自治体 **signe en relief** 点字 **personne malvoyante** 視覚障害者 **pièce** コイン **nouvelle gamme** 新しいシリーズ **ton orangé** オレンジ色の色調 **le passage à l'euro** ユーロへの転換

1 Lisez le texte et dites si le contenu des phrases est vrai ou faux. Justifiez votre réponse.

🎧**16**

本文を読み，次の文章が内容に合致しているか vrai または faux で答えましょう。 またその理由をフランス語または日本語で書きましょう。

		vrai	faux
a)	Les plus anciens billets CFP ont été conçus en 1945.	☐	☐
b)	Le CFP n'est utilisé qu'en Polynésie française et en Nouvelle-Calédonie.	☐	☐
c)	Il existe des billets de 500, 1 000, 5 000 et 10 000 francs CFP.	☐	☐
d)	1 000 francs Pacifique correspondent à 8,38 euros.	☐	☐
e)	Les trois collectivités françaises du Pacifique ont décidé de passer à l'euro.	☐	☐
f)	C'est le billet de 1 000 francs CFP qui est le plus utilisé.	☐	☐
g)	Les pièces de monnaie ne changent pas.	☐	☐

南太平洋の CFP フラン (le Franc Pacifique)

CFP フランは，フランスの特別共同体であるニューカレドニア，および海外準県である仏領ポリネシアとワリス・フテュナで使われている通貨です。**CFP** は，Change Franc Pacifique の略語であると現在では言われていますが，初めて発行された1945年の時点では franc des Colonies Françaises du Pacifique（太平洋仏植民地フラン）が正式名称で，その略語として使われていました。その後，同じ頭文字の Communauté Financière du Pacifique を経て現在の Change Franc Pacifique となりました。旧札では現地の人々や冒険家など人物が描かれていましたが，新札では主として自然や動物が題材にされています。500F 札ではタヒチを代表するティアレの花やプルメリアの花が，1,000F 札にはニューカレドニアに生息する鳥カグーやワリス・フテュナの鳥シロアジサシが描かれています。また 10,000F 札には，ニューカレドニアのチバウ文化センター（Centre culturel Tjibaou：レンゾ・ピアノが設計）がデザインされています。

UN PEU DE GRAMMAIRE

(A)　Le futur proche 近接未来〔aller + *inf.*〕

● 発話時点から見て，確実性が高いと考えられる未来の事態を提示

　　▶ *Regarde ces nuages noirs, il **va** bientôt **pleuvoir**.*

● 会話で多用される傾向　　▶ *Je **vais faire** mes devoirs, ne faites pas de bruit.*

(B)　Le futur simple 単純未来

● 未来のある時点で起こると考えられる事態を，不確定なものとして提示　　▶ *Il **viendra** demain.*

● あらかじめ定まっていると考えられる未来の事態　　▶ *L'année 2032 **sera** bissextile.*

　＊発話基準点よりも未来であれば過去の事態を表すことも可能

　　▶ *On le met en prison en 1945 et il **sera** libéré en 1946.* （この場合，基準点は 1945 年）

　⚠ *quand, lorsque, aussitôt que, dès que* の後は通常，単純未来のみが未来を示すことができる

　　▶ *Quand tu **auras** 18 ans, tu **passeras** ton permis de conduire.*

　ただし，「〜しようとする時にはいつも」と一般性を示す場合には，これらの接続詞（句）の後に近接未来も可能

　　▶ *Pourquoi les hirondelles volent-elles bas quand il **va pleuvoir** ?*

● 近接未来と単純未来は，ともに二人称を主語として命令を示すが，ニュアンスは異なり，交代不可能であることが多い。

　　▶ *Tu **vas** m'**écrire**, hein ?* （手紙を書くことを念押しして要求）

　　▶ *Tu m'**écriras**, hein ?* 　（おそらく手紙が来ないことを知っているが軽く依頼）

● 近接未来は，状況に応じて命令のニュアンスが異なる

　　▶ *Tu **vas laisser** ton petit frère tranquille !* 　（強い命令）

　　▶ *Vous **allez** bien **reprendre** un peu de gâteau.* （相手に取り入りながら促す）

(2) Conjuguez le verbe entre parenthèses au futur proche ou simple.

カッコ内の動詞を，文脈に応じて単純未来または近接未来に変化させましょう。

Cécile 　: Nils, maintenant, tu (**1.** .... *changer*) de pantalon !

Nils 　　: Non maman, j'en (**2.** .... *mettre*) un autre demain.

Claude : D'accord, mais dépêche-toi, sinon on (**3.** .... *manquer*)
　　　　　le début du film.

Nils 　　: Non papa, je ne vais pas au cinéma avec vous, je (**4.** .... *regarder*)
　　　　　un DVD à la maison.

Cécile 　: Tiens, on sonne à la porte, je (**5.** .... *voir*) qui c'est. Oh !
　　　　　Isabelle, comment vas-tu ? On va au cinéma, tu viens avec nous ? Si tu
　　　　　viens, je (**6.** .... *te montrer*) la librairie dont je t'ai parlé.

Isabelle: Impossible, je vais au lycée avec ma fille qui (**7.** .... *voir*) ses résultats au bac. Dès qu'elle les (**8.** .... *connaître*), elle

(**9.** .... *pouvoir*) s'inscrire à la fac.

Cécile   : Après, qu'est-ce que vous faites toutes les deux ? On pourrait se retrouver

après le cinéma et manger une raclette à la maison.

Isabelle : Wouah ! Une raclette, mais je (**10.** .... *grossir*) !

Bon, d'accord ! Je vais au lycée et, quand vous (**11.** .... *être*)

au cinéma, je (**12.** .... *faire*) les courses. On se retrouve chez

toi pour la raclette vers 7h !

3 **Conjuguez le verbe entre parenthèses au futur proche ou simple et traduisez les phrases en japonais.**

カッコ内の動詞を単純未来または近接未来に変え，日本語にしましょう。

1) Attends, je .... (*t'aider*) à faire la cuisine.

2) Vous .... (*terminer*) l'exercice de la page 3 pour la semaine prochaine.

3) Attention, tu .... (*te faire*) mal.

4) Quand je ....(*parler*) bien français, j'......................... (*aller*) étudier au Québec.

5) Nous .... (*décoller*) dans quelques instants, veuillez

attacher votre ceinture de sécurité.

VOCABULAIRE

4 **Indiquez le mot correspondant à l'abréviation.**

下線部の略語の元の形と意味を調べましょう。

Ex.	Le soir, je ne bois que du <u>déca</u>, sinon je ne peux pas dormir.	*décaféiné*
1	Il fait chaud ici, allume la <u>clim</u>, s'il te plaît.	
2	On pourrait aller voir un film au <u>ciné</u> ce week-end.	
3	Je regarde le <u>JT</u> de France 2 tous les jours.	
4	Beaucoup d'étudiants déjeunent au <u>resto U</u>, c'est bon marché.	
5	Aurélien va aller à la <u>fac</u> de droit l'année prochaine.	
6	Mon <u>ordi</u> ne marche plus !	

COMMUNICATION

Écoutez et complétez la conversation entre un touriste japonais et une employée du bureau d'informations de l'aéroport de Tahiti. 🎧18

日本人観光客がタヒチ空港の案内所で質問しています。音声を聞いて空欄を埋めましょう。

Touriste : Bonjour, je voudrais (**1.** ....) à quelle heure ouvre le bureau

de (**2.** ....) ?

Employée : Bonjour, il est ouvert une (**3.** ....) avant les arrivées et départs

des vols (**4.** ....) et du lundi au (**5.** ....) de

8h00 à 11h00.

Touriste : Ah bon, merci. Je (**6.** ....) (**7.** ....) sur

l'île de Makatea, il y a un bureau de change, là-bas ?

Employée : Non, il n'y en a pas, vous (**8.** ....) changer votre argent avant

de (**9.** ....).

Touriste : Entendu. Dites-moi, quel est le (**10.** ....) de change du

(**11.** ....) ?

Employée : Euh, voilà. Aujourd'hui, 1 yen vaut (**12.** ....) franc Pacifique.

Touriste : Ah, c'est (**13.** ....), c'est presque la même valeur ! Et aussi,

pendant que je serai sur l'île de Makatea, je voudrais (**14.** ....)

mes bagages dans une (**15.** ....). Il y en a une dans l'aéroport ?

Employée : Oui, le local se situe dans le hall

(**16.** ....), entre les zones internationales

de (**17.** ....) et d'arrivée.

Touriste : D'accord. Pour (**18.** ....) à

Makatea, je dois faire le 689 ?

Employée : Non, non, c'est l'indicatif téléphonique de

©M.Carton

la Polynésie française. Composez seulement les huit (**19.** ....),

sans le 689. J'espère que vous aurez beau (**20.** ....) sur l'île de Makatea.

île de Makatea マカテア島 (仏領ポリネシアに属するトゥアモトゥ諸島にある島)

le 689 フランス語では電話番号の前に定冠詞 le を付加する **indicatif téléphonique** 市外局番

Complétez la conversation au bureau d'informations de l'aéroport de Wakkanai, avec les mots suivants : *restaurant, arrivées, consigne, déposer, dure, hall, minutes, ouvert, séjour, prendre, temps, 17h00.*

発展練習：稚内空港の案内所で利尻島に行く観光客が質問をしています。与えられた語を使って、
　　　　フランス語で質問に答えましょう。

https://www.wkj-airport.jp/

Touriste : Bonjour, je voudrais savoir s'il y a un (**1.** ....)　dans

l'aéroport ?

Employé : Bonjour. Oui, il y en a un. Il se trouve dans le (**2.** ....) des

départs. Et il est (**3.** ....) de 10h30 à (**4.** ....).

Touriste : Ah bon, merci. Je vais (**5.** ....) le ferry pour Rishiri. Combien de

(**6.** ....) dure la traversée ?

Employé : Elle (**7.** ....) une heure et cinquante (**8.** ....).

Touriste : Entendu. Dites-moi, je voudrais (**9.** ....) ma valise avant mon

départ. Y a-t-il une (**10.** ....) ?

Employé : Attendez un peu, s'il vous plaît. Oui, il y en a une au rez-de-chaussée, dans

le hall des (**11.** ....), en face du comptoir d'enregistrement

des vols ANA.

Touriste : Merci beaucoup.

Employé : Je vous en prie. Passez un bon (**12.** ....) sur l'île de Rishiri.

5 Une banane tricolore dans les rayons

Ouest-France Jeudi 5 novembre 2015 Monde/France

Les Antilles françaises misent sur le marketing patriotique pour concurrencer les bananes à bas coûts.

La banane de Guadeloupe et de Martinique sort la carte du patriotisme économique pour concurrencer les productions à bas coût du Costa Rica ou de République dominicaine. Dans les rayons des principaux magasins de l'hexagone, le fruit des Antilles françaises arbore désormais un ruban adhésif bleu, blanc, rouge.

Fini les bananes en vrac, cassées ou mal étiquetées. Le consommateur a droit à une banane identifiée *made in France*, présentée à la pièce ou en bouquet de trois, quatre, cinq ou six fruits. « On supprime la référence au kilo, un code-barre permet d'éviter la pesée et fait gagner du temps aux clients », explique Jean-Claude Maraud des Grottes, de l'Union des groupements de producteurs de bananes de Guadeloupe et Martinique (UGPBAN). Cette innovation concerne 30 % de la production, les bananes haut de gamme, soit 10 % du marché français.

Le deuxième fruit le plus consommé en France méritait bien un plan marketing. Avec 6 000 salariés directs, les 650 planteurs antillais forment le premier employeur privé des Antilles. Les deux îles produisent 280 000 tonnes de bananes par an et alimentent 40 % du marché français. Mais la concurrence est rude.

Pour se démarquer, la banane des Antilles françaises ne joue pas que sur le patriotisme. Après le scandale du Chlordécone, un pesticide cancérigène, les planteurs de Guadeloupe et de Martinique ont réduit de 50 % l'utilisation de produits phytosanitaires entre 2006 et 2012.

Ils ont mis en place des rotations culturales avec des plantes fourragères, des cannes à sucre ; et utilisé des couverts végétaux pour limiter les mauvaises herbes. Un deuxième plan « Banane durable » (2015-2020) a été lancé.

Guillaume LE DU.

---

dans les rayons 売り場に   les Antilles アンティル諸島   à bas coût 低価格の   la carte du patriotisme économique 経済的愛国心という切り札   a droit à une banane… バナナを買うことができる   la référence au kilo キロ単位   haut de gamme 高級   salarié direct 直接雇用の従業員   se démarquer 競合相手に勝つ   Chlordécone クロルデコン（主としてバナナ栽培に使われた農薬。2011年に全世界で禁止）   produit phytosanitaire 農薬   mettre en place 実行する   rotation culturale 輪作農法   plante fourragère 飼料作物   couvert végétal 被覆作物（土地を保護したり，肥沃にするために植えるマメ科の植物）   mauvaise herbe 雑草

VOUS AVEZ COMPRIS ?

Lisez le texte et dites si le contenu des phrases est vrai ou faux. Justifiez votre réponse.

本文を読み，次の文章が内容に合致しているか vrai または faux で答えましょう。 またその理由をフランス語または日本語で書きましょう。

		vrai	faux
a)	Le drapeau de la France est bleu, vert, rouge.	☐	☐
b)	Les bananes du Costa Rica et de République dominicaine coûtent plus cher que celles de Guadeloupe et de Martinique.	☐	☐
c)	La banane est le fruit le plus consommé en France.	☐	☐
d)	40 % des bananes vendues en France viennent du Costa Rica et de République dominicaine.	☐	☐
e)	Entre 2006 et 2012, les planteurs de bananes ont divisé par deux l'utilisation de produits phytosanitaires.	☐	☐
f)	La canne à sucre est cultivée en même temps que la banane.	☐	☐
g)	Le Chlordécone est bon pour la santé.	☐	☐

アンティル諸島の多様性 (les Antilles)

カリブ海に浮かぶグアドループ (Guadeloupe) とマルティニーク (Martinique) は，アンティル諸島に属する島です。17 世紀から奴隷制廃止まではアフリカからの奴隷が，1848 年の奴隷制廃止以降は奴隷に代わる労働力が，インドや中国から導入されました。このような経緯から様々な人々が混淆し，混血 (métis) を指すアンティル諸島独特の呼び名も生まれました。そのひとつに chabin(e) があります。chabin(e) は，ヨーロッパ人のような白い肌，金髪，薄い色の瞳をしているものの，目鼻立ちや体型がアフリカ系の容貌をした人を指す語です。アンティル文学を読んでいるとしばしば出くわす語ですが，フランス本土で編纂された辞書には収録されていません。本来は雄羊と雌ヤギの掛け合わせを指す語で，奴隷を動物に見立てた過去がうかがえますが，男性の chabin には独特の気性の激しさが備わっているとも言われ，文学作品の中でも，すぐに激昂する不気味な人物として登場します。他方，女性の chabine は，男性を誘惑する妖艶な女性や霊媒として描かれています。R.Confiant の *Ravines du devant-jour* や P. Chamoiseau の *Solibo Magnifique* に現れる chabin(e) をぜひ読んでみてください。

UN PEU DE GRAMMAIRE

Ⓐ **Le comparatif** 比較級：比較の対象は que で導かれるが，常に義務的ではない。

● (plus / aussi / moins) + 形容詞 ► *Les plages sont **plus** belles **qu**'en Guadeloupe.*
● (plus / aussi / moins) + 副詞 ► *Ça vous coûtera **moins** cher.*
● (plus / autant / moins) + de + 名詞 ► *Il y a **plus de** visites.*

Ⓑ **Le superlatif** 最上級

● (le / la / les または所有形容詞) + (plus / moins) + 形容詞

*Sa **plus belle** histoire d'amour a commencé en vacances. Je vous présente **mes meilleurs** vœux.*

● (le) + (plus / moins) + 副詞 ► *C'est Emma qui parle **le mieux** japonais dans la classe.*
● (le) + (plus / moins) + de + 名詞 ► *C'est le film qui a eu **le plus de** succès cette année.*

最上級を先行詞とする関係詞節ではしばしば接続法が使われる。

► *C'est le portable **le moins cher** que j'**aie trouvé**.*

● beaucoup の最上級：**le + (plus / moins)**（動詞にかかる）

► *Dans la classe, Mélanie était l'étudiante qui travaillait **le plus**.*

 Traduisez en français en utilisant les mots indiqués.
② 日本語に合うようにカッコ内の語を並び替えましょう。

a) アンティル諸島のカーニバルは，1年で最も大きなイベントのひとつです。

(Antilles / est / des / l'un / les / de / plus / événements / aux / l'année / importants)

Le carnaval ....

b) 100 を超えるグループがそれに参加し，街を練り歩きます。

(défilent / y / et / cent / participent / les / dans / groupes / rues)

Plus de ....

c) この間，グアドループには，クリスマスと同じくらいたくさんの観光客が訪れます。

(à / touristes / période / accueille / autant / la Guadeloupe / de / qu' / Noël)

Pendant cette ....

d) グアドループのカーニバルは，私が知りうる中で一番印象に残ったお祭りです。

(que / impressionnante / connaisse / je / la / la / fête / en Guadeloupe / est / plus)

Le carnaval ....

e) 最も盛り上がる日は，灰の水曜日です。

(est / plus / le Mercredi des Cendres / le / chaud)

Le jour ....

3 Traduisez en français.

フランス語にしましょう。

a) フランスで5番目に大きい街は，ニースです。

b) 彼らの3番目の息子は，今コスタリカに住んでいます。

c) これは今まで食べたうちで一番おいしいバナナだ。

d) ジャンは慎重というよりは引っ込み思案だ。

e) できるだけたくさん情報をください。

VOCABULAIRE

4 Cherchez l'intrus dans les familles de mots suivants.

与えられた語の中で仲間外れを見つけましょう。

1) banane / poire / abricot / casserole / raisin / fraise / ananas

2) coût / magasin / frais / tarif / prix / somme

3) rude / dur / difficile / sévère / pénible / farouche

4) décommander / défaire / démasquer / détruire / désinstaller

5 Trouvez les 15 noms de fruits et de légumes dans la grille et notez-les.

果物と野菜を示す語を15個見つけて下に書きましょう。

s	a	l	a	d	e	k	x	x	x
x	i	x	b	a	n	a	n	e	c
x	l	x	x	b	x	k	a	x	e
s	o	j	a	r	x	i	v	m	r
x	i	p	o	i	r	e	e	a	i
x	g	o	x	c	x	x	t	n	s
x	n	m	x	o	r	a	n	g	e
t	o	m	a	t	e	x	x	u	x
x	n	e	a	m	a	n	d	e	x

1) ....

2) soja

3) ....

4) ....

5) navet

6) ....

7) ....

8) ail

9) ....

10) cerise

11) ....

12) ....

13) ....

14) kaki

15) ....

COMMUNICATION

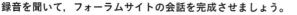

Écoutez et complétez le texte du forum de discussion.
録音を聞いて，フォーラムサイトの会話を完成させましょう。

| Partir en Martinique | Pratique | Incontournables | Itinéraires | Forums | Photos | Réserver |

Forum Martinique-Guadeloupe

 32 réponses
Dernière activité le 10 février 2020 à 9h31 (consulter)

pascalechat : Bonjour, je (**1.** ....) de partir aux Antilles en 2020, mais j'hésite entre la Guadeloupe et la Martinique. Des (**2.** ....), des infos ? Je (**3.** ....) des vacances (**4.** ....) à la mer ou des (**5.** ....) dans la nature.

 32 réponses   PAR ORDRE CHRONOLOGIQUE   LES PLUS RÉCENTES

Martinique ou Guadeloupe

blogtrotter : Nous (**6.** ....) fait les deux et (**7.** ....) les deux. Il y a plus de (**8.** ....) au (**9.** ....) de la mer en Martinique, mais en Guadeloupe, il me (**10.** ....) qu'il y a plus de randonnées en (**11.** ....). Et comme l'(**12.** ....) est plus grande, il y a plus de (**13.** ....), mais le séjour revient plus (**14.** ....). Donc, si vous (**15.** ....) en Guadeloupe, je vous conseille d'(**16.** ....) vous-même votre voyage, ça vous (**17.** ....) moins cher.

réponse   RÉPONDRE EN CITANT   RÉPONDRE

voyageur23 : Moi, perso, je (**18.** ....) la Martinique, les plages sont plus (**19.** ....) qu'en Guadeloupe. Et les Martiniquais sont plus (**20.** ....), ils parlent plus (**21.** ....) que les Guadeloupéens. Ce sont les (**22.** ....) qui (**23.** ....) le plus. Allez sur la plage des Salines, à Sainte-Anne, c'est la plus belle plage que j'(**24.** ....) jamais (**25.** ....). Bon séjour !

> **infos** = informations の省略   **perso** = personnellement の省略   ※ともにくだけた文脈で使用される

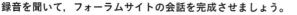

Avec votre voisin, prenez exemple sur *le forum Martinique-Guadeloupe*, choisissez un avatar et complétez *le forum Tokyo-Kyoto*.

を参照し，隣の人とフランス語で会話をしながら，「東京ー京都」フォーラムサイトを完成させましょう。

Partir au Japon	Pratique	Incontournables	Itinéraires	Forums	Photos	Réserver

Forum Tokyo-Kyoto

32 réponses
Dernière activité le 10 février 2022 à 9h31 (consulter)

....

Bonjour, je prévois d'aller au Japon, mais j'hésite entre Tokyo et Kyoto.

Des conseils, des infos ? Je recherche des vacances ....

....

....

32 réponses   PAR ORDRE CHRONOLOGIQUE   LES PLUS RÉCENTES

....

Nous avons fait les deux. A Kyoto, ...

....

Mais à Tokyo, ...

....

....

RÉPONDRE EN CITANT   RÉPONDRE

réponse

....

Moi, perso, je ....

....

Et les Tokyoïtes sont .... que les Kyotoïtes.

....

Allez à .... ! Bon séjour !

6 La Guyane en cinq points

● Carte d'identité

La Guyane a une superficie de 83 533 km². Elle possède 320 kilomètres de côtes, 520 de frontière avec le Suriname (ancienne colonie des Pays-Bas) et 580 avec le Brésil. Selon l'Insee, en septembre 2017, elle comptait 256 518 habitants contre 23 364 en 1958.

● De colonie à département français

Les Français essaient de s'installer en Guyane pour la première fois en 1604. Puis les tentatives de colonisation se multiplient, mais les Néerlandais, les Britanniques et les Portugais se disputent le territoire. Rendue par les Portugais à la France, en 1817, la Guyane devient un département français à partir de 1946.

● Le bagne

Dès la Révolution française, certains prisonniers sont envoyés en Guyane, territoire réputé pour ses conditions climatiques difficiles. Le 30 mai 1854, une loi officialise la création des bagnes coloniaux qui permettent de supprimer progressivement les bagnes métropolitains de Toulon, Brest et Rochefort, mais aussi de peupler la colonie. Construit en 1852, le bagne de Cayenne voit passer près de 68 000 prisonniers, jusqu'à sa fermeture en 1938.

● La fusée

Après l'indépendance de l'Algérie en 1962, le Centre national d'études spatiales cherche une nouvelle base. Le choix se tourne vers la Guyane qui présente de nombreux atouts : la proximité de l'équateur, une large ouverture sur l'océan Atlantique et une faible densité de la population. Le Centre Spatial Guyanais s'installe à Kourou en 1965 et, le 24 décembre 1979, un lanceur européen décolle pour la première fois de Kourou : la fusée Ariane 1.

● L'or

Il a marqué l'histoire de la Guyane. En 1855, un premier site aurifère est découvert, entraînant une ruée vers l'or et l'apparition de la mafia. Aujourd'hui, le secteur aurifère reste important, il est la seconde activité industrielle derrière l'industrie spatiale et juste devant les filières pêche et bois. Il pourrait encore se développer si le projet d'exploitation minière de « La Montagne d'or », à l'ouest de la Guyane, voyait le jour.

km² = kilomètre carré   **côte** 海岸線   **Insee** Institut national de la statistique et des études économiques（フランス国立統計経済研究所）の略称。公式の統計の作成・分析に携わる機関   **Cayenne** カイエンヌ（仏領ギアナの行政所在地）   **près de** おおよそ   **le Centre national d'études spatiales** フランス国立宇宙研究センター   **Le choix se tourne vers la Guyane** 仏領ギアナが候補に上がる   **atout** 有利な条件   **Kourou** クールー（宇宙基地がある街の名前）   **Ariane** アリアン（欧州宇宙機関が開発したロケットの名称）   **ruée vers l'or** ゴールドラッシュ   **juste devant les filières pêche et bois** 漁業と林業が順位として後に続く   **le projet d'exploitation minière de « La Montagne d'or »** 金山開発事業計画   **voir le jour** 日の目を見る

① Lisez le texte et dites si le contenu des phrases est vrai ou faux. Justifiez votre réponse. 〔24〕

本文を読み，次の文章が内容に合致しているか vrai または faux で答えましょう。 またその理由をフランス語または日本語で書きましょう。

		vrai	faux
a)	La Guyane fait 300 km² de surface.	☐	☐
b)	Les pays voisins de la Guyane sont le Brésil et le Suriname.	☐	☐
c)	La ville de Brest se trouve en Guyane.	☐	☐
d)	La Guyane est dans l'océan Atlantique.	☐	☐
e)	La mafia en Guyane fait du trafic de bois.	☐	☐
f)	Le projet « Montagne d'or » a été réalisé en 1855.	☐	☐

南アメリカにある仏領ギアナ (la Guyane)

仏領ギアナ（la Guyane）は面積の9割以上が熱帯雨林で覆われており，人口の約5分の1が首都カイエンヌ (Cayenne)に住んでいます。通貨はユーロ，公用語はフランス語ですが，先住民であるアメランディアンの諸言語，国境を接するスリナムの公用語であるオランダ語，ブラジルの公用語ポルトガル語など，実際には約30もの言語が使われています。とりわけポルトガル語話者は人口の10%を占めています。2017年の Insee の調査によれば，人口の約58%が国からの手当を受けて生活しており，貧困に苦しむ地域でもあります。ギアナ宇宙センター（le Centre Spatial Guyanais）では先端技術を駆使したロケットが打ち上げられていますが，その周辺に住む人々はかなり厳しい生活を送っているのが現状です。

Le conditionnel 条件法：発話者にとって現実ではない世界を語る

● 非現実の想定に基づく仮定

・Si + 直説法半過去 , 条件法現在

► Il **pourrait** encore se développer si le projet d'exploitation minière de « La Montagne d'or », à l'Ouest de la Guyane, voyait le jour.

・Si + 直説法大過去 , 条件法過去

► Si j'avais trouvé un site aurifère, je **serais devenu** riche.

● Si 節なしの決まり文句

► Ça m'**étonnerait**. そんなことはあり得ない（←仮にそんなことがあれば私は驚く）

On dirait que ～のように見える ► On **dirait** qu'il va pleuvoir.

● 伝聞（発話者は情報の信憑性を請け負わない） ► Il y **aurait eu** un accident sur la route.

● 丁寧 ► J'**aimerais** bien avoir des renseignements.

● 語気緩和（とりわけ助言，義務などを表す動詞） ► Il **vaudrait** mieux économiser un peu.

● 非難・後悔（とりわけ条件法過去） ► J'**aurais dû** partir plus tôt. J'**aurais préféré** venir.

● 時制の一致：主節が過去の場合

条件法現在は過去における未来 ► Il m'a dit qu'il **irait** en Guyane l'année prochaine.

条件法過去は過去における前未来 ► Il m'a dit qu'il **serait parti** avant mon retour.

Conjuguez le verbe entre parenthèses au conditionnel présent ou passé.
カッコ内の動詞を条件法現在または条件法過去に変化させましょう。

Maki : Si j'avais de l'argent, je (**1.** .... *pouvoir*) faire ce que je veux.

Taro : Ah oui, quoi, par exemple ?

Maki : En fait, je (**2.** .... *vouloir*) bien aller en Guyane.

Taro : En Guyane ? Et quand (**3.** .... *aller*)-tu ?

Maki : Je ne sais pas encore. Il (**4.** .... *valoir*) mieux que je me renseigne un peu avant de me décider.

Taro : Si je n'avais pas aussi peur en avion, je (**5.** .... *venir*) bien avec toi. Mais, tu sais, les examens de fin de trimestre approchent, tu (**6.** .... *devoir*) peut-être attendre un peu avant de partir en Guyane.

Maki : Tu as raison. Cet après-midi, je vais aller au Comité du tourisme de la Guyane, rue Clapeyron, tu (**7.** .... *avoir*) le temps de venir avec moi ?

Taro : Ah ! Désolé, j'ai promis à mon père d'aller au musée avec lui. Si je ne lui avais pas promis ça, je t'(**8.** .... *accompagner*). C'est dommage !

③ **Traduisez en français en utilisant le verbe indiqué au conditionnel présent ou passé.**
カッコ内の動詞を条件法現在または条件法過去に変化させ，以下の文をフランス語にしましょう。

a) 警察によれば，昨日レピュブリック広場で 10,000 人がデモをしたそうだ。[*manifester*]

b) アリスは来年の夏タヒチにいると言った。[*être*]

c) 大学時代，もっと外国に旅行しておけばよかった。[*devoir*]

d) もし第二外国語が高校で必修でなかったら，フランス語を勉強することはなかっただろう。[*étudier*]

e) このジーンズを試着したいんですけれど。[*vouloir*]

VOCABULAIRE

④ **Indiquez la traduction en japonais des dates historiques suivantes.**
歴史用語クイズ：以下の有名な歴史上の出来事を日本語にしましょう。

1	la Révolution française (1789)	
2	la Réforme (16e siècle)	
3	la guerre de Sécession (1861-1865)	
4	la Seconde Guerre mondiale (1939-1945)	
5	le Serment de Strasbourg (14 février 842)	
6	la Révolution culturelle (1966-1976)	
7	l'Édit de Nantes (1598)	
8	la Grande Dépression (années 1930)	
9	la guerre de Cent Ans (1337-1453)	

COMMUNICATION

Répondez aux questions suivantes sur la publicité.

下の広告に関して以下の質問に答えましょう。

a) Écrivez le nom de la société et son activité. 会社名は？　どんな業種の会社？

....

....

b) « Nous avons toujours un petit "zeste" pour nos passagers. »

1) Qui est « nous » ？ 広告コピーの nous は誰？

....

2) Qui sont « nos passagers » ？　« nos passagers » とは誰？

....

3) Que signifie « un petit zeste » ？

« un petit zeste » はどういう意味？

....

....

c) Remplacez le « z » de zeste par une autre

consonne. Quelle phrase vous semble correcte ？ Que signifie cette phrase ？

zeste の « z » を別の子音字に置き換えると，文章全体の意味はどうなる？

Nous avons toujours un petit "(............)este" pour nos passagers.

....

....

NOUS AVONS TOUJOURS UN PETIT "ZESTE" POUR NOS PASSAGERS.

0 820 835 835
Service 0,12 € / min
+ prix appel
aircaraibes.com

AIR CARAÏBES
Haute en Couleurs

🎧26

Le logo d'Air Caraïbes représente l'arbre du voyageur. C'est une plante tropicale, originaire de Madagascar, présente sur la partie orientale de la grande île et également sur l'île de La Réunion, l'île Maurice, sur l'archipel des Comores, notamment sur l'île de Mayotte, en Guyane, en Guadeloupe, en Martinique, en Nouvelle-Calédonie et aussi en Polynésie française.

Imaginez une publicité pour un nouveau produit : un téléphone, un hamburger, une voiture, un sac, un dessert, une boisson, tout ce que vous voulez !

商品を１つ自由に選んで，その新商品についての広告をフランス語でイメージしてみましょう。

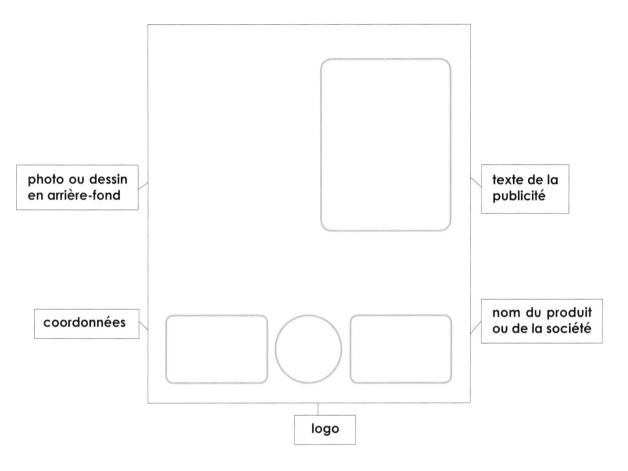

photo ou dessin en arrière-fond

texte de la publicité

coordonnées

nom du produit ou de la société

logo

Mots croisés. Quel est le nom qui apparaît dans la partie grisée ?

パズル：1) から 6) の定義に当てはまる語をテクスト本文中から見つけ，それぞれ空欄を埋めましょう。グレーの部分にできあがった語は？

1) nom qui signifie « prison » :

2) qui contient de l'or :

3) ville de Guyane :

4) ancienne colonie des Pays-Bas :

5) occupation d'un pays par un autre pays :

6) engin pour aller sur la lune :

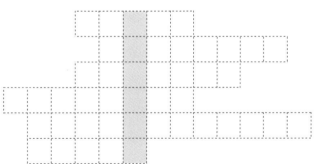

7 Du bleu outremer au Musée Guimet

Buffon écrit : « Quelques-uns disent que l'on a donné le nom d'outremer à ce précipité parce que le premier outremer a été fait à Chypre, et d'autres veulent que ce nom lui ait été donné parce que son bleu est plus beau que celui de la mer. »

Mais d'où vient le bleu outremer ? Il était obtenu par broyage des pigments de la pierre fine lapis-lazuli, une pierre très coûteuse importée d'Asie. En 1826, un chimiste, Jean-Baptiste Guimet, crée un bleu outremer artificiel qui portera le nom d'*outremer Guimet*. Jean-Baptiste fait tester son bleu par le peintre Ingres, qui peint la draperie de l'une des principales figures de l'*Apothéose d'Homère*, pour un plafond du Louvre. En 1834, il se lance dans la création d'une entreprise de production de son outremer et devient un industriel riche et réputé.

À sa mort en 1871, son fils Émile hérite d'une entreprise florissante et d'une belle fortune, mais aussi d'une rare sensibilité artistique et d'un goût pour les belles choses. Il se lance dans de grands voyages autour du monde. Il s'intéresse particulièrement au Japon qu'il décrit avec affection dans ses *Promenades japonaises*, illustrées par le peintre Félix Régamey. C'est la période du japonisme en France et des missions françaises militaires envoyées au Japon. En 1900, Émile crée la Société franco-japonaise de Paris avec le célèbre refondateur de la marine japonaise, Louis-Émile Bertin.

Lors de ses séjours au Japon et ailleurs, Émile rassemble de nombreuses œuvres d'art qu'il expose pendant dix ans au Musée Guimet, à Lyon, puis à partir de 1889, à Paris, dans un nouveau Musée Guimet qui possède aujourd'hui la plus grande collection d'art asiatique hors d'Asie.

le **Musée Guimet** ギメ美術館（パリ 6 区にある東洋美術専門の国立美術館） **Buffon** ビュフォン G.-L. L., comte de Buffon (1707-1788)，フランスの博物学者で『博物誌』の著者。この引用も本書の Lapis Lazuli の項より抜粋 **précipité** 沈殿物 **Ingres** アングル J. A. D. Ingres (1780-1867)，新古典主義のフランスの画家 **draperie** 人物像の着衣のひだの表現 *Apothéose d'Homère*《ホメロスの神格化》アングルが 1827 年制作 **hériter de** 〜を受け継ぐ *Promenades japonaises*『日本散策』（1878 年出版），エミール・ギメが日本の生活や風俗 を紹介 **Félix Régamey**（1844-1907）フェリックス・レガメー，フランスの画家 **missions françaises militaires** フランスからの軍事使節団 **la Société franco-japonaise de Paris** パリ日仏協会 **Louis-Émile Bertin**（1840-1924）ルイ＝エミール・ベルタン，日本海軍を創設したフランスの海軍技師

VOUS AVEZ COMPRIS ?

Lisez le texte et dites si le contenu des phrases est vrai ou faux. Justifiez votre réponse.
本文を読み，次の文章が内容に合致しているか vrai または faux で答えましょう。 またその理由をフランス語または日本語で書きましょう。

		vrai	faux
a)	Le bleu outremer est obtenu par broyage de la pierre précieuse du saphir.	☐	☐
b)	Ingres a illustré les *Promenades japonaises* écrit par Émile Guimet.	☐	☐
c)	Émile Guimet a créé le bleu outremer.	☐	☐
d)	Jean-Baptiste Guimet est décédé en 1871.	☐	☐
e)	Louis-Émile Bertin a refondé l'aviation japonaise.	☐	☐
f)	Le Musée Guimet de Paris est plus vieux que celui de Lyon.	☐	☐

L'outre-mer と画家 (les peintres de l'outre-mer)

Bleu outremer は，アフガニスタンなど限られた場所でしか採取できない鉱石ラピスラズリを原料とした貴重な顔料でした。透明感のある鮮やかな青色は多くの芸術家を引きつけましたが，とりわけ 17 世紀のオランダの画家ヨハネス・フェルメール（Johannes Vermeer [1632-1675]）は，この色を好んで使いました。《真珠の首飾りの少女》が被っているターバンの青を思い出してみるといいでしょう。

他方，Outre-mer の地へと新天地を求めた画家には，ポスト印象派のポール・ゴーギャン（Paul Gauguin [1848-1903]）がいます。パリ生まれのゴーギャンは，晩年を南太平洋のタヒチ（Tahiti）やマルキーズ諸島（îles Marquises）で過ごしています。タヒチでは精力的に制作を続けたものの，そこはゴーギャンが思い描いていた「楽園」ではなく，貧困と病気に苦しみながら，かの地で一生を終えることになりました。

Complément du nom ：「名詞 1 ＋ de ＋ 名詞 2」

● 名詞 2 ＝ 無冠詞名詞

・名詞 2 が「女性名詞の国」または「地域を指す名詞」の場合 → 名詞 1 の起源を示す

les vins de France　　　　　フランス産のワイン

le Camembert de Normandie　ノルマンディ産のカマンベール

・名詞 2 が「部分冠詞＋名詞」または「不定冠詞複数形＋名詞」である場合 → 名詞 2 は自動的に無冠詞

un groupe de ＋ des enfants　► *un groupe d'enfants*　子どもの集団

une tasse de ＋ du café　　　► *une tasse de café*　　コーヒー 1 杯

・全体で 1 つの定まった概念を指す

le niveau de vie　生活レベル　　　*un chauffeur de camion*　トラック運転手［職業］

C'est une question d'habitude.　それは習慣の問題だ。

● 名詞 2 ＝ 定冠詞名詞

・名詞 1 と名詞 2 がそれぞれ独立した概念を示す

le niveau de la vie parisienne　パリでの生活のレベル

le chauffeur du camion　　　　そのトラックの運転手

Parmi les mots suivants, choisissez le complément du nom qui convient : *des haricots, d'oiseau, de vipère, de canard, de loup, de la farce, d'artichaut, de crocodile, de guêpe, d'éléphant.*

1〜9 の意味になるように，与えられた「de ＋名詞」を当てはめましょう。

Ex.	物覚えがいい，執念深い	avoir une mémoire	*d'éléphant*
1	（女性の）細くくびれたウエスト	avoir une taille	
2	毒舌家，中傷家	avoir une langue	
3	ひどくおなかが空いた	avoir une faim	
4	とても小食である，食が細い	avoir un appétit	
5	浮気［移り気］である	avoir un cœur	
6	万事休す	c'est la fin	
7	うそ泣きをする，そら涙	pleurer des larmes	
8	だまされる，みんなの笑い者になる	être le dindon	
9	すごい寒さだ	il fait un froid	

Retrouvez la couleur des expressions suivantes.

orange, grise, rouge, rose, verte, bleu, jaune, blanche, noir

１〜８の意味になるように，与えられた色の形容詞を当てはめましょう。

Ex.	黄色信号を通過する	passer à l'	*orange*
1	料理がとてもうまい	être un vrai cordon	
2	庭［畑］仕事が上手	avoir la main	
3	赤ワインを少し飲む	boire un petit	
4	作り笑いをする，苦笑する	rire	
5	ものごとを楽観的に見る	voir la vie en	
6	〜に白紙委任状を与える	donner carte	
7	すべてを悲観的に考える	voir tout en	
8	頭脳	la matière	

Traduisez ces phrases en français en utilisant les expressions des exercices 2 et 3 pour les parties soulignées.

 で学んだ表現を下線部に使ってフランス語にしましょう。

a) 赤ワインでもちょっとどう？ – いいね！　食べよう！　お腹がペコペコだよ。

b) 去年の 12 月にパリに行ったときは，すごい寒さだった。

c) エロディは非常に料理がうまいが，ひどく食が細い。

d) 祖父は毒舌家で，かつ常にすべてを悲観的に考えていた。

e) 失業率がすぐに下がると思うの？　君はものごとを楽観的に考えるんだね！

f) われわれは総理大臣に白紙委任状を与えたわけではない。

g) フィリップは庭仕事が上手で，彼の庭にはいつもたくさんのきれいな花が咲いている。

⑤ Écoutez et complétez la conversation.

会話を聞いて空欄を埋めましょう。

🎧30

Aurélien : (**1.** ....), ça va ?

Louise : Oui, ça va. Dis-moi, ça te dit d'aller au (**2.** ....) ?

Aurélien : Oui, pourquoi pas. Qu'est-ce que tu veux voir (**3.** ....)(**4.** ....) ?

Louise : J'aimerais bien voir *Gauguin - Voyage de Tahiti*.

Aurélien : Oui, d'accord, je ne l'ai pas vu. Ça (**5.** ....) quoi ?

Louise : C'est (**6.** ....) de la vie de Gauguin lors de son premier

(**7.** ....) à Tahiti, en 1891. C'est Vincent Cassel qui joue le

(**8.** ....) de Gauguin.

Aurélien : Ça a l'air (**9.** ....). On y va à quelle heure ?

Louise : Il y a une (**10.** ....) à 17h30, au Bretagne.

Aurélien : (**11.** ....). On se retrouve devant le cinéma à 17h.

Louise : D'accord. Et après le film, on va (**12.** ....) quelque part, il y a

beaucoup de (**13.** ....) Boulevard Montparnasse.

Aurélien : Ça (**14.** ....), à 17h, devant le cinéma !

Louise : A tout à l'heure.

Gauguin - Voyage de Tahiti『ゴーギャン　タヒチ，楽園への旅』(2017), Edouard Deluc 監督の映画　**Vincent Cassel** (1966-) ヴァンサン・カッセル，フランスの俳優　**le Bretagne** 映画館の名前　**on se retrouve** 〜で待ち合わせをする　**Boulevard Montparnasse** モンパルナス大通り（パリ6区，14区，15区にまたがる大通り）

Invitez votre voisin à aller voir une exposition au Musée Guimet. Cherchez les informations sur le site du musée : *http://www.guimet.fr/*

ギメ美術館での展覧会に隣の人を誘いましょう。その際，美術館のサイトを参考にして会話を完成させましょう。

Étudiant 1 : .... , ça va ?

Étudiant 2 : .... Dis-moi, ça te dit d'aller au .... ?

Étudiant 1 : Oui, pourquoi pas. Qu'est-ce qu'il y a comme .... ?

Étudiant 2 : J'aimerais bien ....

Étudiant 1 : Ça a l'air .... On y va à quelle heure ?

Étudiant 2 : .... à ....

Étudiant 1 : Parfait. On se retrouve devant .... à .... h.

Étudiant 2 : D'accord. Et après l'expo, on va .... ,

il y a beaucoup de .... autour du Trocadéro.

Choisissez la bonne réponse des devinettes parmi les mots suivants :
la baguette, la grue, l'étoile, l'enveloppe, les lunettes, le miroir, le cent,
et expliquez votre réponse.

◦31◦

言葉遊び：以下のなぞなぞの答えを上記の語群から選びましょう。また，なぜそれが答えになるのかを簡単に説明しましょう。

1	Quel est le chiffre préféré du vampire ?	
2	Qu'est-ce qui réfléchit sans réfléchir ?	
3	Quel est le pain préféré du magicien ?	
4	Quel oiseau peut porter un éléphant ?	
5	Qu'est-ce qui peut être dans le ciel et dans la mer ?	
6	Quel est le mot qui contient une lettre ?	
7	Qu'est-ce qui a deux branches, mais pas de feuille ?	

8 Les Japonais de Nouvelle-Calédonie

©ADCK-Centre culturel Tjibaou

Le 25 janvier 1892, les 599 premiers immigrés japonais débarquent du *Hiroshima Maru*, sur la plage de Thio, en Nouvelle-Calédonie. Célibataires, âgés de 25 à 30 ans, originaires du sud du Japon et surtout d'Okinawa, ils viennent travailler dans les mines de nickel. Près de 5 000 autres les suivront entre 1892 et 1919.

Ces ouvriers sont engagés pour un contrat de cinq ans à l'issue duquel ils ont la liberté de rester en Nouvelle-Calédonie ou de partir. Certains décident de rester sur le Caillou et de fonder une famille avec des femmes de l'île. En 1938, on compte environ 207 familles nippo-calédoniennes qui vivent du commerce, de la pêche, des plantations, comme tailleur et même responsable de compagnies minières.

Mais leur vie bascule. Après l'attaque de Pearl Harbour du 7 décembre 1941, les Métropolitains craignent que les 1 200 Japonais présents sur l'île ne deviennent des espions et ne menacent les intérêts de la France. Le gouverneur Henri Sautot ordonne qu'ils soient « ramassés », séparés de leurs familles et internés jusqu'à ce que la guerre finisse. Cinq ans plus tard, les survivants sont renvoyés au Japon. La plupart ne reviendront jamais en Nouvelle-Calédonie.

Aujourd'hui, entre 8 000 et 10 000 descendants de Japonais vivent en Nouvelle-Calédonie.

Thio チオ。首都 Nouméa の南 120km に位置する村。2012 年チオの墓地に日本人慰霊碑が建てられた　**à l'issue duquel** 〜を終えたのちに［先行詞は un contrat de cinq ans］　**l'attaque de Pearl Harbour du 7 décembre 1941** 真珠湾攻撃。ハワイ諸島オアフ島の真珠湾軍港を日本軍が奇襲し，これをきっかけにアメリカとの太平洋戦争（1941-1945）が始まる。日本では 12 月 8 日とされているが，時差のため欧米では通常 12 月 7 日とされる　**Henri Sautot** (1885-1963) アンリ・ソト，主として仏海外県で活躍した政治家，1940-42 年にニューカレドニアの知事を務める　**interner** 収容する　**descendant** 子孫

Lisez le texte et dites si le contenu des phrases est vrai ou faux. Justifiez votre réponse.

本文を読み，次の文章が内容に合致しているか vrai または faux で答えましょう。 またその理由をフランス語または日本語で書きましょう。

		vrai	faux
a)	« Le Caillou » désigne la Nouvelle-Calédonie.	☐	☐
b)	En 1938, 207 familles japonaises vivent en Nouvelle-Calédonie.	☐	☐
c)	En 1941, il y avait 1 200 Japonais en Nouvelle-Calédonie.	☐	☐
d)	L'attaque de Pearl Harbour a eu lieu le 7 décembre 1941.	☐	☐
e)	Les premiers immigrés japonais viennent d'Hiroshima.	☐	☐
f)	L'immigration japonaise a lieu entre 1892 et 1919.	☐	☐
g)	Actuellement, entre 8 000 et 10 000 Japonais vivent en Nouvelle-Calédonie.	☐	☐
h)	Après leur contrat, les immigrés japonais doivent quitter la Nouvelle-Calédonie.	☐	☐

ニューカレドニアの日系 2 世 (les "Nisei" de Nouvelle-Calédonie)

ニューカレドニア（la Nouvelle-Calédonie）は，日本ではリゾート地「天国にいちばん近い島」として知られていますが，日本にルーツを持つニューカレドニア日系 2 世の存在はほとんど知られていません。日系 2 世とは，鉱山で働くために 19 世紀末に移住した日本人男性が残した子どもたちのことです。単身でニューカレドニアに来た日本人移民は，過酷な労働条件のため，ほとんどがすぐに鉱山から逃げ出したと言われています。その後，島に残った男性の多くは現地の女性と結婚し，商店経営などに携わりましたが，第二次世界大戦を機に収容所に送られました。残された家族は全財産をフランス政府に没収され，差別を避けるために日本人と結婚していたことを隠しました。そのため，子どもたちは大人になって初めて父親が日本人であったことを知らされ，日本の親戚に連絡を取ったり来日したりして自分のルーツ探しをしています。p. 52 の画像 NISEI は，日系 2 世についてチバウ文化センター（Centre culturel Tjibaou：p. 29 参照）で 2016 年に開催された講演会のポスターです。ニューカレドニアの NISEI 問題に興味があれば，『空白の移民史』（三木健著　株式会社シネマ沖縄，2017 年）もぜひ読んでみてください。

Le subjonctif 接続法：「x + que + 主語 + 接続法」

● x = 命令，義務，願望，意志，疑惑，主観的評価など，接続法を要求する動詞や表現

▶ *Le gouverneur Henri Sautot **ordonne** qu'ils **soient** « ramassés »*

（虚辞の ne をとる場合）▶ *les Métropolitains **craignent** que les 1 200 Japonais présents sur l'île **ne deviennent** des espions et **ne menacent** les intérêts de la France.*

● x = croire, penser など判断を示す動詞の否定または疑問形で，判断にも疑いを投げかける場合

▶ *Crois-tu qu'on **puisse** aller sur la planète Mars un jour ?*

いつか火星に行けるなんて思ってるわけ？（火星に行けると思っていない）

▶ *Crois-tu qu'on **pourra** aller sur la planète Mars un jour ?*

いつか火星に行けると思ってる？（単なる質問）

（ただし，話し言葉での上昇イントネーションによる疑問文，および Est-ce que 疑問文では，上記ニュアンスの区別は解消され，通常は直説法が使用される。）

▶ *Tu crois qu'on pourra aller sur la planète Mars un jour ?*

● x = 目的，譲歩，仮定，時間関係などを示す接続詞句

▶ *[…] **jusqu'à ce que** la guerre **finisse**.*

（虚辞の ne をとる場合）▶ *Nous devons trouver une solution **avant qu'il ne soit** trop tard.*

⚠ 主節が過去時制でも接続法現在が使用可能。接続法過去は完了を示す

▶ *Il fallait que tout **soit** en ordre. Je suis content que tu **sois arrivé** sain et sauf.*

● 関係節の先行詞が唯一性を示す表現，最上級

▶ *C'est l'examen **le plus difficile** que j'**aie passé**.*

▶ *Je cherche **quelqu'un** qui (**puisse** / **pourra**) m'aider demain.*

（接続法「明日手伝ってくれる人自体いるかどうかわからないが探している」，直説法「誰かしら手伝ってくれる人がいると考えて探す」）

Conjuguez le verbe à la forme qui convient.

② カッコ内の動詞を適切な形に変化させましょう。

Ma chère maman, papa est content que je/j'(**1.** .... *obtenir*) mon master 1, en juin dernier, donc je voudrais qu'il (**2.** .... *être*) plus compréhensif et qu'il (**3.** .... *consentir*) à me laisser partir à Tahiti, avec mes amis. Il est possible que des étudiants japonais (**4.** .... *venir*) y étudier le français et je voudrais les rencontrer. Tahiti est la plus belle île que je (**5.** .... *connaître*). Je cherche un vol pas trop cher qui me (**6.** .... *permettre*) de garder de l'argent pour mon séjour. Ce soir, je rentrerai un peu tard pour que tu (**7.** .... *pouvoir*) discuter avec papa. Je voudrais tellement que tu le (**8.** .... *convaincre*) de me laisser partir !

3 Traduisez les phrases suivantes en français en utilisant les mots entre crochets.

カッコ内の動詞を使ってフランス語にしましょう。

a) この手紙は来週末までにヌメアに届かないといけない。[*falloir*]

b) 父は，姉が仏領ギアナで寿司屋をオープンできるように 1,000 万円あげた。[*pour que*]

c) トマはまじめに勉強したにもかかわらず，入学試験に落ちた。[*bien que*]

d) 雨季が始まる前にマルティニークに行きたい。[*avant que*]

e) マヨットでフランス語を話さない原住民の人たちと会うかもね。[*il est possible que*]

VOCABULAIRE

4 Associez les éléments A et B pour faire une phrase complète.

A に続くふさわしい文を B から選びましょう。

A	B
1) J'ai décroché la lessive avant que/qu'	a) la météo prévoit du mauvais temps.
2) La police bloque la circulation pour que/qu'	b) le typhon sera passé.
3) Je prendrai le bateau pour Papeete après que/qu'	c) l'ambulance puisse traverser le carrefour.
4) Lionel est venu en cours bien que/qu'	d) il ne pleuve.
5) J'ai décidé d'annuler mon excursion en montagne demain parce que/qu'	e) il arrive.
6) Il est certain que Marie n'est pas photographe, puisque/puisqu'	f) il part en vacances tous les étés, pendant deux mois.
7) Pierre est riche, car	g) aucune femme n'occupe ce poste chez Olympus.
8) Théo restera en Nouvelle-Calédonie quoique/qu'	h) il soit malade.

⑤ Écoutez et complétez l'interview de Christian Karembeu.

録音を聞いて，クリスチャン・カランブーのインタビューを完成させましょう。

Journaliste : Christian, donc, vous êtes kanak. Karembeu, ça veut dire « l'homme en (**1.** ....) ». Un « karembeu » a un statut de guerrier.

Christian : Oui, ce sont mes (**2.** ....), je suis un guerrier. Dans la nuit des temps, dans tous les (**3.** ....) du monde, on donnait des noms par rapport à la nature, aux arbres, aux pierres, etc.

Journaliste : Alors, vous êtes né en (**4.** ....), à Lifou, en Nouvelle-Calédonie. Il y a une histoire terrible dans votre histoire. C'est que votre (**5.** ....), qui s'appelait Willy, a été emmené avec d'autres (**6.** ....), en (**7.** ....) pour être exhibé à l'Exposition coloniale de 1931. Ces Kanaks ont été habillés avec des costumes (**8.** ....) et on les a obligés à manger de la (**9.** ....) crue. Et on les a présentés comme des (**10.** ....) polygames. C'était une attraction, comme au (**11.** ....). On n'en parlait pas dans votre (**12.** ....), n'est-ce pas ?

Christian : Non, on n'en parlait pas. Mais mon grand-père, à son retour, a (**13.** ....) l'histoire. Il a seulement dit qu'il avait rencontré des grands (**14.** ....) français.

Journaliste : Et votre papa, parlons de lui.

Christian : Mon père a vu mon (**15.** ....) match, avant de mourir, il m'a vu jouer au (**16.** ....) et il est resté sur cette image-là où j'ai pu jouer avec l'équipe de France. Et quand je lui ai proposé de venir à son (**17.** ....), il a refusé parce qu'il savait que pour moi, c'était le début de ma (**18.** ....) et que je ne pouvais pas m'absenter.

Journaliste : Et vous, comment définissez-vous votre (**19.** ....) par rapport à la France ?

Christian : Tout à l'heure, j'ai parlé de mes racines, mais en même temps, quand la France (**20.** ....) dans un pays, elle pense que ce pays-là connaît tout de la France. Tout ce qui vient de la métropole, un Kanak se doit de l'(**21.** ....), mais on ne peut pas assimiler tout de suite quelque chose qu'on ne connaît pas.

Christian Karembeu (1970-) クリスチャン・カランブー，ニューカレドニア出身の元サッカーフランス代表のミッドフィルダー。1998 年のワールドカップ，2000 年の Euro2000 のフランス優勝にも大きく貢献。2005 年に現役引退 **kanak**「人間」を意味するハワイ語 kanaka が起源とされ，19 世紀中頃からニューカレドニア先住民を指すようになる。20 世紀中頃まではフランス語式に canaque と書かれていたが，1980 年代にニューカレドニア独立派が kanak の表記を広め，それとともに kanak はニューカレドニア先住民としてのアイデンティティを積極的に示すようになる。なお，*Trésor de la langue Française* では canaque の表記のみ，*le Petit Robert* と *Dictionnaire Larousse* では両方の表記で掲載 **Lifou** リフー島。ニューカレドニア本島の東に位置する島。人口約 9,200 人 **l'Exposition coloniale** 国際植民地パリ万国博覧会，パリのヴァンセンヌの森（Bois de Vincennes）で開催 **il est resté sur cette image-là où j'ai pu jouer avec l'équipe de France** 父は私がフランス代表チームでプレイする姿を目に焼きつけることができた

Les Mélanésiens au Jardin Zoologique de Nice [France], carte postale, 1934.

ニースで行われた「人間動物園」で見せ物にされたメラネシア系の人々（1934年）

© Groupe de Recherche Achac / DR

Vous êtes journaliste et vous devez faire l'interview d'un personnage célèbre, homme ou femme. Choisissez un chanteur, un youtubeur, un personnage politique que vous aimez, cherchez des informations sur lui et imaginez vos questions et ses réponses.

有名人を 1 人選び，⑤ を参考にして，ジャーナリストになったつもりでフランス語でインタビューをしてみましょう。

LE FRANÇAIS DES SMS

Écrivez le SMS de Tom et Jim en français normal.

言葉遊び：トムとジムの SMS を，通常のフランス語の綴り字に書きおこしましょう。

[ヒント] アルファベの文字や数字を発音すると，知っている語が浮き上がってくる可能性が。

Koi29 → Quoi de neuf ?

Tom : Slt Jim ca va ? mer6 pr tn mess pr mn anif

Jim : Pa 2 koi jve te voir D ke possib pr prendr un ver

Tom : Pe etre samdi soir on pouré alé o 6né

Jim : Ok g nial mé j doi etre 2 retour aven 00h kar je vé D je né ché gran-mèr dimanch

Tom : Ca march samdi soir 20h a la méson

9   Tromelin, un îlot perdu dans l'océan Indien

©M.Carton

Tromelin est un îlot d'1 km², perdu dans l'océan Indien au large de Madagascar, découvert en 1722 par le capitaine de la *Diane*, un navire français de la Compagnie française des Indes.

En 1761, l'île vécut une terrible tragédie. L'*Utile*, un navire négrier français, chargé illégalement de 160 esclaves malgaches, fit naufrage et s'échoua sur l'île, qui s'appelait alors l'île des Sables. Les rescapés réussirent à construire un navire de secours, mais seuls furent embarqués les membres blancs d'équipage qui promirent aux 70 esclaves de venir les chercher plus tard. Ce n'est qu'en 1776, que le chevalier de Tromelin, qui donna son nom à l'île, récupéra finalement les tout derniers survivants : sept femmes et un enfant de huit mois.

Dépourvue d'intérêt économique, l'île accueille une base météorologique et scientifique qui surveille les cyclones. Elle est aussi un lieu très important de sauvegarde de la biodiversité. « C'est une réserve naturelle, décrit Max Guérout, officier de marine, puis archéologue sous-marin. La dernière fois que nous y sommes allés, 600 tortues sont venues pour y pondre ! » Mais sa richesse vient surtout de son rivage : Tromelin génère 280 000 km² de zone économique exclusive (ZEE), presque autant que les 329 000 km² de la France hexagonale, Corse comprise. Seulement, la République de Maurice revendique le contrôle de la ZEE de Tromelin et accorde déjà des permis de pêche à des bateaux asiatiques, contre l'interdiction de la France. En 2004, deux navires japonais ont été arraisonnés par la Marine française.

En 2010, un accord de cogestion avait été signé entre la France et l'île Maurice, mais l'Assemblée nationale s'y est opposée. En attendant une solution à ce différend, les tortues de Tromelin continuent de pondre sur le territoire français.

la Compagnie française des Indes フランス東インド会社　vécut une terrible tragédie 大変な悲劇を味わった　navire négrier 奴隷船　seuls furent embarqués les membres blancs d'équipage… 乗組員の白人のメンバーのみが乗船した［ここでは主語と動詞が倒置，seuls は副詞的な用法だが，主語 les membres blancs d'équipage…に一致して複数形をとっている］　le chevalier de Tromelin 植民地統治に携わったフランスの探検家。本名 B.-M. Boudin (1735-1815)　les tout derniers survivants 最後の生存者［tout は derniers を修飾する副詞］　dépourvue d'intérêt économique 経済的な利益がなかったので　réserve naturelle 自然保護区　Max Guérout (1936-) マックス・ゲル，トロムラン島で考古学的な調査を行う。著作 *Tromelin. L'île aux esclaves oubliés*　zone économique exclusive (ZEE) 排他的経済水域（沿岸から 200 海里までの範囲で沿岸国が水産資源や海底鉱物資源などについて排他的管轄権を行使しうる水域）　revendiquer （権利として）主張する　arraisonner 船舶に立ち入り検査をする　l'Assemblée nationale 国民議会

1　Lisez le texte et dites si le contenu des phrases est vrai ou faux. Justifiez votre réponse. 🎧36

本文を読み、次の文章が内容に合致しているか vrai または faux で答えましょう。 またその理由をフランス語または日本語で書きましょう。

		vrai	faux
a)	La *Diane* fait naufrage sur l'île de Tromelin en 1761.	☐	☐
b)	Tromelin fait une surface de 280 000 km².	☐	☐
c)	Tromelin accueille une base militaire et scientifique.	☐	☐
d)	Des tortues pondent sur l'île de Tromelin.	☐	☐
e)	La France métropolitaine, Corse comprise, possède une ZEE de 280 000 km².	☐	☐
f)	Seul l'équipage blanc de l'*Utile* a embarqué sur le navire de secours.	☐	☐

トロムラン島を巡る領土問題 (le contentieux de Tromelin)

トロムラン島を巡るフランスとモーリシャス共和国との間の領土問題は，1814 年のパリ条約にさかのぼります。モーリシャスは 18 世紀初頭から 1814 年まではフランス領でしたが，1814 年のパリ条約でイギリス領になりました。パリ条約では，l'Ile de France（当時のモーリシャスの名称）とそれに帰属する島々（Rodrigues と Les Seychelles）が，「名指しで nommément」イギリス領になると定められました。しかし，nommément が英語では「特に especially」と翻訳され，かつ条約にトロムラン島が明記されていなかったために，1968 年にイギリスから独立したモーリシャスは 1976 年以来，トロムラン島の帰属を主張しています。なお，本文中の 1761 年の出来事は *Les esclaves oubliés de Tromelin* という漫画にもなり，広く読まれています。

Raconter au passé 過去を語る

(A) **Le passé composé** 複合過去：発話時点から見た過去の事態を語る

  ► *La dernière fois que nous y **sommes allés**, 600 tortues **sont venues** pondre.*

一定の期間を示す表現と相性がよい ► ***J'ai habité** à Nouméa <u>pendant dix ans</u>.*

(B) **L'imparfait** 半過去：過去のある点を基準として見た事態を，現在のように語る

  ► *La dernière fois que nous y sommes allés, il y **avait** 600 tortues.*

・過去の習慣を語る ► *Théo **participait** au carnaval tous les ans, quand il **était** au collège.*

・従属節の時制の一致 ► *... s'échoua sur l'île, qui **s'appelait** alors l'île des Sables.*

(C) **Le passé simple** 単純過去：発話時点とは断絶した「歴史」「物語」として語る（必ずしも遠い過去である
必要はない）。 ► *L'Utile **fit** naufrage et **s'échoua** sur l'île. La soirée d'hier **fut** divertissante.*

(D) **Le plus-que-parfait** 大過去：過去のある時点を基準点とし，それより以前に完了した事態を語る

  ► *Ce texte, je l'ai perdu, je l'**avais écrit** il y cinq ans.*

・現在から見た過去の事態を，非難・驚きなどとともに語る ► *Tu m'**avais** pourtant **dit** que c'était
facile. Jusqu'à présent, je n'**avais** jamais **imaginé** que tu habitais si près !*

・過去の事実に反する仮定を示す Si 節 ► *Si j'**avais gagné** au loto, j'aurais arrêté mon travail.*

・丁寧 ► *J'**étais venu** vous dire un petit bonjour.*

Conjuguez les verbes au passé composé, à l'imparfait ou au plus-que-parfait.
カッコ内の動詞を文脈に応じて複合過去，半過去，大過去のいずれかに変化させましょう。

*Un touriste raconte son voyage à bord du Marion Dufresne, le bateau de ravitaillement des
Taaf. Destination l'archipel de Crozet, l'archipel de Kerguelen, les îles Saint-Paul et Amsterdam.*

Nous (**1.** .... *embarquer*) le 6 décembre, de la Réunion, avec un
groupe de 14 touristes, sur le *Marion*, que l'équipage (**2.** .... *préparer*).
C'(**3.** .... *être*) l'été austral, donc nous (**4.** .... *avoir*) beau temps
pendant la traversée.

Sur le bateau, il y (**5.** .... *avoir*) des géologues, des
océanographes, des ornithologues. Les paysages (**6.** .... *être*) sublimes,
nous ne (**7.** .... pas .... *s'ennuyer*) de tout
le voyage.

Nous (**8.** .... *poser*) pied à terre sur chaque île. Le vent
(**9.** .... *souffler*) toujours très fort et on ne (**10.** ....*voir*)

aucun arbre. À Kerguelen, le temps très venté, mais ensoleillé, nous (**11.** .... *permettre*) de voir, depuis la passerelle, le mont Ross, haut de 1850 m. Nous (**12.** .... *croiser*) une multitude d'animaux !

Souvent le soir, nous (**13.** .... *regarder*) des films documentaires sur la biodiversité ou nous (**14.** .... *discuter*) au bar. Mais le soir du 24 décembre, nous (**15.** .... *manger*) le repas de Noël avec tout l'équipage.

Quand nous (**16.** .... *débarquer*) à Saint-Denis, à La Réunion, nous (**17.** .... *être*) très tristes, mais nous (**18.** .... *monter*) dans notre avion pour l'aéroport de Roissy-Charles de Gaulle. Si cela (**19.** .... *être*) possible, nous serions restés bien encore quelques jours à La Réunion.

De retour chez nous, nous (**20.** .... *dîner*) avec des amis et, à la fin du repas, nous (**21.** .... *montrer*) nos photos et (**22.** .... *donner*) des explications sur notre voyage. Déjà, la nuit (**23.** .... *tomber*) quand nos amis (**24.** .... *quitter*) la maison.

VOCABULAIRE

3 **Associez les deux éléments A et B pour obtenir un nouveau nom.**
Exemple : *bio + diversité = biodiversité*

A と B の要素を組み合わせて，例のように合成語を作りましょう。

	A		B	
	bio	**a)**	puissance
1)	amphi	**b)**	phonie
2)	chrono	**c)**	activité
3)	socio	**d)**	théâtre
4)	ortho	**e)**	phobie
5)	xéno	**f)**	diversité
6)	méga	**g)**	mètre
7)	radio	**h)**	byte
8)	super	**i)**	culturel

COMMUNICATION ~~~~~~~~~~~~~~~~~~~~~~~~~~~~~~

Imaginez une île et faites-en la présentation dans une encyclopédie en ligne.

想像上の島の百科事典サイトを，フランス語で作りましょう。

👤 Non connecté Discussion Contributions Créer un compte Se connecter

Article | Discussion | | Lire | Modifier | Modifier le code | Voir l'historique | ile | 🔍

Île

Pour les articles homonymes, voir

Sommaire [masquer]
1 **Géographie**
2 **Histoire**
2.1 ....
2.2 ....
3 ....

Image satellite
Géographie
Pays
Revendication Par
Localisation
Coordonnées
Géologie
Administration
Démographie
Population
Autres informations
Géolocalisation sur la carte : [   ]
(Voir situation sur carte   )
Modifier   ❗

Géographie [Modifier | Modifier le code]

....
....
....
....
....

Histoire [Modifier | Modifier le code]

....
....
....
....
....
....
....
....
....
....

~~~~~~

Jeu du marabout.
Trouvez un mot qui commence
par le son « tu ».

⑤

言葉遊び：しりとり
例に従い，tortue の -tue と同じ発音から
始まる語を見つけて，しりとりを続けましょう。

Ex. : *estomac – marin – rincer ...*

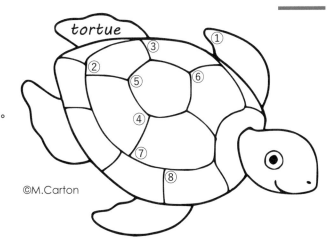

tortue

©M.Carton

Poème de Charles Baudelaire, « Parfum exotique » (*Les Fleurs du mal*, 1857)   🎧37

ボードレールとレユニオン島

En juin 1841, Baudelaire, qui a vingt ans, est envoyé en Inde par son beau-père. Embarqué sur le *Paquebot des mers du Sud*, il fait une escale de 19 jours sur l'île Maurice, puis s'arrête 45 jours sur l'île de La Réunion où il décide de rentrer en France sur *l'Alcide*. L'année suivante, il rencontre Jeanne Duval, une métisse, peut-être originaire de Haïti, qui devient sa maîtresse et sa muse : elle lui inspire entre autres poèmes, « Parfum exotique ».

Quand, les deux yeux fermés, en un soir chaud d'automne,
Je respire l'odeur de ton sein chaleureux,
Je vois se dérouler des rivages heureux
Qu'éblouissent les feux d'un soleil monotone ;

Une île paresseuse où la nature donne
Des arbres singuliers et des fruits savoureux ;
Des hommes dont le corps est mince et vigoureux,
Et des femmes dont l'œil par sa franchise étonne.

Guidé par ton odeur vers de charmants climats,
Je vois un port rempli de voiles et de mâts
Encor tout fatigués par la vague marine,

Pendant que le parfum des verts tamariniers,
Qui circule dans l'air et m'enfle la narine,
Se mêle dans mon âme au chant des mariniers.

Photo © RMN-Grand Palais (musée d'Orsay) /
Jean-Gilles Berizzi / distributed by AMF

10 Abolition de l'esclavage
Décret du 27 avril 1848

Le gouvernement provisoire considérant que l'esclavage est un attentat contre la dignité humaine ; qu'en détruisant le libre arbitre de l'homme, il supprime le principe naturel du droit et du devoir ; qu'il est une violation flagrante du dogme républicain : Liberté, Égalité, Fraternité, considérant que si des mesures effectives ne suivaient pas de très près la proclamation déjà faite du principe de l'abolition, il en pourrait résulter dans les colonies les plus déplorables désordres.

Décrète :

Article Ier. L'esclavage sera entièrement aboli dans toutes les colonies et possessions françaises, deux mois après la promulgation du présent décret dans les colonies, tout châtiment corporel, toute vente de personnes non libres, seront absolument interdites.

Art. 3. Les gouverneurs et commissaires généraux de la République sont chargés d'appliquer l'ensemble des mesures propres à assurer la liberté à la Martinique, à la Guadeloupe et dépendances, à l'île de La Réunion, à la Guyane, au Sénégal et autres établissements français de la côte occidentale d'Afrique, à l'île Mayotte et dépendances et en Algérie.

Art. 4. Sont amnistiés les anciens esclaves condamnés à des peines afflictives ou correctionnelles pour des faits qui, imputés à des hommes libres, n'auraient point entraîné ce châtiment. Sont rappelés les individus déportés par mesure administrative.

Art. 5. L'Assemblée nationale règlera la quotité de l'indemnité qui devra être accordée aux colons.

Art. 8. À l'avenir, même en pays étranger, il est interdit à tout Français de posséder, d'acheter ou de vendre des esclaves, et de participer, soit directement, soit indirectement, à tout trafic ou exploitation de ce genre. Toute infraction à ces dispositions entraînera la perte de la qualité de citoyen français.

Décret du 27 avril 1848 1848年4月27日に発布された奴隷制廃止の政令 **le gouvernement provisoire** 1848年の二月革命で誕生した臨時政府 **un attentat contre la dignité humaine** 人間の尊厳に対する侵犯 **le libre arbitre** 自由意志 **décréter** 政令を発布する **les gouverneurs et commissaires généraux de la République** フランスから派遣された総督 **dépendance** 属領 **des peines afflictives ou correctionnelles** 体刑や懲治刑 **des faits qui, imputés à des hommes libres, n'auraient point entraîné ce châtiment** 自由民であれば懲罰を課されなかったような事態〔imputés à des hommes libres までが n'auraient point entraîné の条件法過去の条件として機能〕

Lisez le texte et dites si le contenu des phrases est vrai ou faux. Justifiez votre réponse.

本文を読み、次の文章が内容に合致しているか vrai または faux で答えましょう。 またその理由をフランス語または日本語で書きましょう。

		vrai	faux
a)	Après le 27 avril 1848, un Français qui achète un esclave perd sa citoyenneté française.	☐	☐
b)	L'Assemblée nationale donne une somme d'argent aux colons qui libèrent leurs esclaves.	☐	☐
c)	Le dogme républicain de la France est Liberté, Égalité, Maternité	☐	☐
d)	Le décret du 27 avril 1848 affranchit les esclaves des colonies et possessions françaises.	☐	☐
e)	Les esclaves déportés par mesure administrative sont rappelés.	☐	☐
f)	Après le 27 avril 1848, les Français peuvent acheter des esclaves seulement dans des pays étrangers.	☐	☐

フランスと奴隷制度 (l'esclavage et la France)

フランスの奴隷制度は 1794 年にいったん廃止されますが，その後ナポレオンが復活させ，完全に廃止されるのは 1848 年 4 月 27 日です。廃止に大きく貢献したのはヴィクトール・シュルシェール（Victor Schœlcher[1804-93]）です。北米にて黒人奴隷の悲惨な様子を目の当たりにしたシュルシェールは，1848 年の二月革命で成立した臨時政府において奴隷制廃止を実現させました。その後，国際社会においても 1926 年，奴隷制度廃止を規定した奴隷条約が国際連盟で締結され，それはさらに 1956 年国際連合で補足条約とともに引き継がれ強固にされます。フランスでは 2001 年 5 月 10 日，奴隷制と人身売買が人道に反する罪であることを公に認める法律「トビラ法 la loi Taubira」が可決され，それ以降フランスでは，5 月 10 日は奴隷制廃止記念日になりました。また，かつて奴隷船の主要港だったナントには 2009 年，奴隷制廃止記念館（Mémorial de l'abolition de l'esclavage）が，2015 年にはグアドループのポワンタピートルにカリブ奴隷貿易博物館（Memorial ACTe）が開館し，植民地時代の過去に真摯に向き合おうとするフランスの姿勢がここに見られます。

● **Le participe présent** 現在分詞：書き言葉で使われ，かたい印象を与える表現形式

　　原則として直説法現在 nous の語幹に -ant を付加　nous *finiss*ons → finissant

・名詞を修飾 ▶ *Les clients **ayant** un billet gratuit entrent en premier.*

・文脈に応じて様態，理由，条件などを示す。

　▶ *Le gouvernement provisoire, **considérant** que l'esclavage est un attentat contre la dignité humaine, décrète...*

・複合形も可能 ▶ ***Ayant** bien **révisé**, Fabrice a obtenu une bonne note à son examen.*

・主節の主語と異なる現在分詞固有の主語が可能

　▶ *La neige **tombant** depuis la veille, toutes les routes étaient bloquées.*

● **Le gérondif** ジェロンディフ = en + 現在分詞

　　文脈に応じて様態，理由，条件などを示す。話し言葉，書き言葉の両方で使用

　▶ ***en détruisant** le libre arbitre de l'homme, il supprime le principe naturel du droit et du devoir*

　　原則として，主語は主節の主語と同じとされているが，そうでないケースもある。

　▶ *L'appétit vient **en mangeant**. Mon nom est le deuxième **en partant** du bas.*

Complétez les phrases avec la forme du participe présent des verbes indiqués et traduisez en japonais.

カッコ内の動詞を現在分詞に変え，全体を日本語にしましょう。

1) C'est une chambre .... (*donner*) sur la mer.

2) J'ai choisi un voyage organisé .... (*passer*) par la Nouvelle-Calédonie.

3) Ne .... (*connaître*) pas le français, elle n'a pas pu se faire d'ami.

4) Nous cherchons une personne .... (*savoir*) écrire le japonais.

5) Nous avons de nombreux étudiants .... (*venir*) de l'étranger.

6) Les journalistes ont filmé une mobilisation d'employés devant un entrepôt .... (*travailler*) pour Amazon.

7) Le grand-père, ... (*ouvrir*) ses larges bras, embrasse son petit-fils.

(3) Transformez les phrases suivantes en remplaçant la partie soulignée par un participe présent ou un gérondif.

下線部を現在分詞またはジェロンディフを使って書きかえましょう。

1) <u>Comme il a trop mangé hier soir</u>, Nicolas est tombé malade.

2) Sybille fait ses devoirs, <u>pendant qu'elle écoute de la musique</u>.

3) <u>Si vous interdisez le smartphone en classe</u>, vous pourrez mieux faire travailler les étudiants.

4) Je vois Yasuto <u>qui dort pendant le cours de français</u> !

5) <u>Comme José est mineur</u>, la police a téléphoné immédiatement à ses parents.

6) Les gens <u>qui aiment les glaces</u> vont chez Berthillon.

7) <u>Si vous prenez le bateau</u>, vous aurez une meilleure vue sur le lac !

8) Les visiteurs <u>qui ont payé leur place à l'avance</u> peuvent s'installer dans la salle.

9) Quand il revint dans la classe, le professeur vit les étudiantes <u>qui se maquillaient et se coiffaient</u>.

VOCABULAIRE

(4) Associez les formalités (A) et l'endroit où les faire et/ou les obtenir (B).
Exemple : *Je peux obtenir 6) un certificat médical dans a) un cabinet médical.*

例に従い，適切な表現を A と B から選択し，faire または obtenir を使ってつなぎましょう。

A		B	
1)	un extrait d'acte de naissance	**a)**	un cabinet médical
2)	un certificat de scolarité	**b)**	un bureau de tabac
3)	une carte Vitale	**c)**	un aéroport
4)	un timbre fiscal	**d)**	une université
5)	un relevé de compte bancaire	**e)**	un commissariat de police
6)	un certificat médical	**f)**	une mairie
7)	un carnet de timbres	**g)**	une agence pôle emploi
8)	une carte d'embarquement	**h)**	une caisse primaire d'assurance maladie
9)	une déclaration de perte ou de vol	**i)**	une banque
10)	un curriculum vitae	**j)**	une poste

5 **DELF B1/2, production écrite :** FranceLiberté organise un débat pour répondre à la question : « Êtes-vous esclave de votre propre consommation ? » Vous décidez de participer au débat et vous envoyez un mail sous forme d'un essai argumenté de 250 mots pour donner votre point de vue. Rédigez votre mail selon le plan et utilisez les expressions entre parenthèses.

DELF B1/2 レベル，簡単な論述：「我々は消費社会の奴隷になっていないか？」というテーマで，討論サイト FranceLiberté が討論を企画します。それに参加するために，本テーマについての自分の意見を約 250 語でまとめ，参加希望のメールを書きましょう。その際，以下の手順に従い，（　　）内のフランス語表現を必要に応じて使いましょう。

※ DELF (Diplôme d'études en langue française)：フランス語学力資格試験。フランス国民教育省が認定した唯一の公式フランス語資格（ディプロム）で，一度取得すれば無期限有効。

1(1)	Présentez-vous. Expliquez pourquoi le sujet du débat vous intéresse. 自己紹介／なぜこのテーマに興味があるかを述べる (*je m'intéresse à ~*)
(2)	Parlez de votre propre consommation et de vos interrogations. 自分の消費行動について簡潔に述べ，問題提起する (*comme les jeunes de mon âge, j'achète ~ / je consomme ~*) (*je me pose des questions sur ~ ; je m'interroge à propos de ~ ; je commence à comprendre que ~ / à prendre conscience que ~*)
(3)	Donnez votre point de vue. 意見を述べる (*à mon avis ; selon moi ; je reconnais que ~ ; je pense que ~*)
2	Expliquez pourquoi les hommes sont devenus esclaves de leur consommation. なぜ人は消費社会の奴隷なのか，その理由を述べる (*parce que ~, comme ~*)
3	Donnez un exemple précis en racontant au passé l'histoire d'un ami ou d'un membre de votre famille, qui montre les dangers de la consommation. 具体例を示す（その際，身近な人々などの具体例を挙げる）(*c'est-à-dire ; par exemple ; pour illustrer*)
4	En conclusion. Proposez des solutions pour ne pas devenir esclave de la consommation. 結論を導き，解決策を提示する (*en conclusion ; pour conclure ; donc ; pour finir*)

Bonjour, je m'appelle .... et j'ai .... ans.

Si je participe à ce débat, c'est parce que je ....

....

....

....

....

....

....

....

Et vous, qu'en pensez-vous ?

(signature) ....

Choisissez un mot parmi les mots suivants et faites-le deviner à votre voisin.
Utilisez un synonyme, dites si c'est un nom ou un adjectif, expliquez à quoi il sert...

以下の語群から語を１つ選び，その語をフランス語で説明して，周囲の人に当ててもらいましょう。
説明には同義語を使ったり，またどのような事物を指すのかなど，具体的に示しましょう。

pacifique

change

bagne

mine

antillais

franc

ramadan

monnaie

métis

bateau

île

or

immigré

descendant

langue

créole

collectivité

esclave

billet

bleu

tricolore

fusée

métropolitain

religion

musulman

français

colonie

territoire

musée

banane

japonisme

outremer

Références

参考資料

Page 4

https://www.insee.fr/fr/statistiques/2525762?sommaire=2525768

http://www.outre-mer.gouv.fr/les-outre-mer

https://www.culture.gouv.fr/Espace-documentation/Rapports/Redefinir-une-politique-publique-en-faveur-des-langues-regionales-et-de-la-pluralite-linguistique-interne

http://www.axl.cefan.ulaval.ca

Leçon 1 :

https://education.francetv.fr/matiere/geographie/ce1/video/c-est-quoi-l-outre-mer-professeur-gamberge

http://www.outre-mer.gouv.fr/les-territoires

Leçon 2 :

https://www.1jour1actu.com/france/langues-regionales-57468/

https://www.culture.gouv.fr/Sites-thematiques/Langue-francaise-et-langues-de-France/Politiques-de-la-langue/Langues-de-France/Langues-regionales

Leçon 3 :

https://www.mayotte-tourisme.com/decouvrir/magie-de-traditions/

https://www.legifrance.gouv.fr/affichTexte.do?cidTexte=JORFTEXT000000417977&categorieLien=id

Leçon 4 :

L'Histoire du franc pacifique, Institut d'Émission d'Outre-Mer, isbn : 978-2-84577-069-0

https://www.nouvelobs.com/economie/20131022.OBS2068/de-nouveaux-billets-pour-le-franc-pacifique.html

Leçon 5 : https://www.bananeguadeloupemartinique.com/5-non-classe/la-banane-francaise-cultivee-en-guadeloupe-martinique/

Leçon 6 :

http://www.guyane-guide.com/zone-guyane/histoire.htm

https://www.lefigaro.fr/actualite-france/2017/03/27/01016-20170327ARTFIG00120-d-ariane-au-bagne-5-choses-a-savoir-sur-la-guyane.php

Leçon 7 :

https://www.passion-aquarelle.fr/chronique/lhistoire-du-bleu-outremer/

http://une.soeur.jumelle.pour.fleurieu.over-blog.fr/pages/LE_BLeçon 8

https://journals.openedition.org/sabix/1184

Leçon 8 :

https://journals.openedition.org/jso/6725

https://www.youtube.com/watch?v=-OzZQNA0AeE

Leçon 9 :

https://www.youtube.com/watch?v=WVT1L4KAsng

https://www.dupuis.com/les-esclaves-oublies-de-tromelin/bd/les-esclaves-oublies-de-tromelin-les-esclaves-oublies-de-tromelin/25683

Leçon 10 :

http://expositions.bnf.fr/montesquieu/themes/esclavage/anthologie/decret-du-27-avril-1848-abolition-de-l-esclavage.htm

mémo:

mémo:

mémo:

動詞活用表

不定詞 現在分詞 過去分詞	直 説 法			条 件 法	接 続 法
	現 在	半過去	単純未来	現 在	現 在
1. ***acheter*** 買う achetant acheté	j' achète tu achètes il achète n. achetons v. achetez ils achètent	j' achetais tu achetais il achetait n. achetions v. achetiez ils achetaient	j' achèterai tu achèteras il achètera n. achèterons v. achèterez ils achèteront	j' achèterais tu achèterais il achèterait n. achèterions v. achèteriez ils achèteraient	que j' achète que tu achètes qu'il achète que n. achetions que v. achetiez qu'ils achètent
2. ***aimer*** 愛する aimant aimé	j' aime tu aimes il aime n. aimons v. aimez ils aiment	j' aimais tu aimais il aimait n. aimions v. aimiez ils aimaient	j' aimerai tu aimeras il aimera n. aimerons v. aimerez ils aimeront	j' aimerais tu aimerais il aimerait n. aimerions v. aimeriez ils aimeraient	que j' aime que tu aimes qu'il aime que n. aimions que v. aimiez qu'ils aiment
3. ***aller*** 行く allant allé	je vais tu vas il va n. allons v. allez ils vont	j' allais tu allais il allait n. allions v. alliez ils allaient	j' irai tu iras il ira n. irons v. irez ils iront	j' irais tu irais il irait n. irions v. iriez ils iraient	que j' aille que tu ailles qu'il aille que n. allions que v. alliez qu'ils aillent
4. ***appeler*** 呼ぶ appelant appelé	j' appelle tu appelles il appelle n. appelons v. appelez ils appellent	j' appelais tu appelais il appelait n. appelions v. appeliez ils appelaient	j' appellerai tu appelleras il appellera n. appellerons v. appellerez ils appelleront	j' appellerais tu appellerais il appellerait n. appellerions v. appelleriez ils appelleraient	que j' appelle que tu appelles qu'il appelle que n. appelions que v. appeliez qu'ils appellent
5. ***s'asseoir*** 座る s'asseyant / s'assoyant assis	je m'assieds tu t'assieds il s'assied n. nous asseyons v. vous asseyez ils s'asseyent	je m'asseyais tu t'asseyais il s'asseyait n. nous asseyions v. vous asseyiez ils s'asseyaient	je m'assiérai tu t'assiéras il s'assiéra n. nous assiérons v. vous assiérez ils s'assiéront	je m'assiérais tu t'assiérais il s'assiérait n. nous assiérions v. vous assiériez ils s'assiéraient	que je m'asseye que tu t'asseyes qu'il s'asseye que n. nous asseyions que v. vous asseyiez qu'ils s'asseyent
	je m'assois tu t'assois il s'assoit n. nous assoyons v. vous assoyez ils s'assoient	je m'assoyais tu t'assoyais il s'assoyait n. nous assoyions v. vous assoyiez ils s'assoyaient	je m'assoirai tu t'assoiras il s'assoira n. nous assoirons v. vous assoirez ils s'assoiront	je m'assoirais tu t'assoirais il s'assoirait n. nous assoirions v. vous assoiriez ils s'assoiraient	que je m'assoie que tu t'assoies qu'il s'assoie que n. nous assoyions que v. vous assoyiez qu'ils s'assoient
6. ***attendre*** 待つ attendant attendu	j' attends tu attends il attend n. attendons v. attendez ils attendent	j' attendais tu attendais il attendait n. attendions v. attendiez ils attendaient	j' attendrai tu attendras il attendra n. attendrons v. attendrez ils attendront	j' attendrais tu attendrais il attendrait n. attendrions v. attendriez ils attendraient	que j' attende que tu attendes qu'il attende que n. attendions que v. attendiez qu'ils attendent
7. ***avoir*** 持っている ayant eu	j' ai tu as il a n. avons v. avez ils ont	j' avais tu avais il avait n. avions v. aviez ils avaient	j' aurai tu auras il aura n. aurons v. aurez ils auront	j' aurais tu aurais il aurait n. aurions v. auriez ils auraient	que j' aie que tu aies qu'il ait que n. ayons que v. ayez qu'ils aient
8. ***battre*** 打つ battant battu	je bats tu bats il bat n. battons v. battez ils battent	je battais tu battais ils battait n. battions v. battiez ils battaient	je battrai tu battras il battra n. battrons v. battrez ils battront	je battrais tu battrais il battrait n. battrions v. battriez ils battraient	que je batte que tu battes qu'il batte que n. battions que v. battiez qu'ils battent

不定詞 現在分詞 過去分詞	直　説　法			条　件　法	接　続　法
	現　在	半過去	単純未来	現　在	現　在
9. *boire* 飲む buvant bu	je bois tu bois il boit n. buvons v. buvez ils boivent	je buvais tu buvais il buvait n. buvions v. buviez ils buvaient	je boirai tu boiras il boira n. boirons v. boirez ils boiront	je boirais tu boirais il boirait n. boirions v. boiriez ils boiraient	que je boive que tu boives qu'il boive que n. buvions que v. buviez qu'ils boivent
10. *conduire* 運転する conduisant conduit	je conduis tu conduis il conduit n. conduisons v. conduisez ils conduisent	je conduisais tu conduisais il conduisait n. conduisions v. conduisiez ils conduisaient	je conduirai tu conduiras il conduira n. conduirons v. conduirez ils conduiront	je conduirais tu conduirais il conduirait n. conduirions v. conduiriez ils conduiraient	que je conduise que tu conduises qu'il conduise que n. conduisions que v. conduisiez qu'ils conduisent
11. *connaître* 知っている connaissant connu	je connais tu connais il connaît n. connaissons v. connaissez ils connaissent	je connaissais tu connaissais il connaissait n. connaissions v. connaissiez ils connaissaient	je connaîtrai tu connaîtras il connaîtra n. connaîtrons v. connaîtrez ils connaîtront	je connaîtrais tu connaîtrais il connaîtrait n. connaîtrions v. connaîtriez ils connaîtraient	que je connaisse que tu connaisses qu'il connaisse que n. connaissions que v. connaissiez qu'ils connaissent
12. *courir* 走る courant couru	je cours tu cours il court n. courons v. courez ils courent	je courais tu courais il courait n. courions v. couriez ils couraient	je courrai tu courras il courra n. courrons v. courrez ils courront	je courrais tu courrais il courrait n. courrions v. courriez ils courraient	que je coure que tu coures qu'il coure que n. courions que v. couriez qu'ils courent
13. *craindre* おそれる craignant craint	je crains tu crains il craint n. craignons v. craignez ils craignent	je craignais tu craignais il craignait n. craignions v. craigniez ils craignaient	je craindrai tu craindras il craindra n. craindrons v. craindrez ils craindront	je craindrais tu craindrais il craindrait n. craindrions v. craindriez ils craindraient	que je craigne que tu craignes qu'il craigne que n. craignions que v. craigniez qu'ils craignent
14. *croire* 信じる croyant cru	je crois tu crois il croit n. croyons v. croyez ils croient	je croyais tu croyais il croyait n. croyions v. croyiez ils croyaient	je croirai tu croiras il croira n. croirons v. croirez ils croiront	je croirais tu croirais il croirait n. croirions v. croiriez ils croiraient	que je croie que tu croies qu'il croie que n. croyions que v. croyiez qu'ils croient
15. *devoir* …しなければならない devant dû	je dois tu dois il doit n. devons v. devez ils doivent	je devais tu devais il devait n. devions v. deviez ils devaient	je devrai tu devras il devra n. devrons v. devrez ils devront	je devrais tu devrais il devrait n. devrions v. devriez ils devraient	que je doive que tu doives qu'il doive que n. devions que v. deviez qu'ils doivent
16. *dire* 言う disant dit	je dis tu dis il dit n. disons v. dites ils disent	je disais tu disais il disait n. disions v. disiez ils disaient	je dirai tu diras il dira n. dirons v. direz ils diront	je dirais tu dirais il dirait n. dirions v. diriez ils diraient	que je dise que tu dises qu'il dise que n. disions que v. disiez qu'ils disent
17. *écrire* 書く écrivant écrit	j' écris tu écris il écrit n. écrivons v. écrivez ils écrivent	j' écrivais tu écrivais il écrivait n. écrivions v. écriviez ils écrivaient	j' écrirai tu écriras il écrira n. écrirons v. écrirez ils écriront	j' écrirais tu écrirais il écrirait n. écririons v. écririez ils écriraient	que j' écrive que tu écrives qu'il écrive que n. écrivions que v. écriviez qu'ils écrivent

不定詞 現在分詞 過去分詞	直　説　法 現　在	半過去	単純未来	条　件　法 現　在	接　続　法 現　在
18. ***employer*** 使う，雇う employant employé	j' emploie tu emploies il emploie n. employons v. employez ils emploient	j' employais tu employais il employait n. employions v. employiez ils employaient	j' emploierai tu emploieras il emploiera n. emploierons v. emploierez ils emploieront	j' emploierais tu emploierais il emploierait n. emploierions v. emploieriez ils emploieraient	que j' emploie que tu emploies qu'il emploie que n. employions que v. employiez qu'ils emploient
19. ***envoyer*** 送る envoyant envoyé	j' envoie tu envoies il envoie n. envoyons v. envoyez ils envoient	j' envoyais tu envoyais il envoyait n. envoyions v. envoyiez ils envoyaient	j' enverrai tu enverras il enverra n. enverrons v. enverrez ils enverront	j' enverrais tu enverrais il enverrait n. enverrions v. enverriez ils enverraient	que j' envoie que tu envoies qu'il envoie que n. envoyions que v. envoyiez qu'ils envoient
20. ***être*** …である étant été	je suis tu es il est n. sommes v. êtes ils sont	j' étais tu étais il était n. étions v. étiez ils étaient	je serai tu seras il sera n. serons v. serez ils seront	je serais tu serais il serait n. serions v. seriez ils seraient	que je sois que tu sois qu'il soit que n. soyons que v. soyez qu'ils soient
21. ***faire*** 作る faisant fait	je fais tu fais il fait n. faisons v. faites ils font	je faisais tu faisais il faisait n. faisions v. faisiez ils faisaient	je ferai tu feras il fera n. ferons v. ferez ils feront	je ferais tu ferais il ferait n. ferions v. feriez ils feraient	que je fasse que tu fasses qu'il fasse que n. fassions que v. fassiez qu'ils fassent
22. ***falloir*** 必要である - fallu	il faut	il fallait	il faudra	il faudrait	qu'il faille
23. ***finir*** 終える finissant fini	je finis tu finis il finit n. finissons v. finissez ils finissent	je finissais tu finissais il finissait n. finissions v. finissiez ils finissaient	je finirai tu finiras il finira n. finirons v. finirez ils finiront	je finirais tu finirais il finirait n. finirions v. finiriez ils finiraient	que je finisse que tu finisses qu'il finisse que n. finissions que v. finissiez qu'ils finissent
24. ***fuir*** 逃げる fuyant fui	je fuis tu fuis il fuit n. fuyons v. fuyez ils fuient	je fuyais tu fuyais il fuyait n. fuyions v. fuyiez ils fuyaient	je fuirai tu fuiras il fuira n. fuirons v. fuirez ils fuiront	je fuirais tu fuirais il fuirait n. fuirions v. fuiriez ils fuiraient	que je fuie que tu fuies qu'il fuie que n. fuyions que v. fuyiez qu'ils fuient
25. ***lire*** 読む lisant lu	je lis tu lis il lit n. lisons v. lisez ils lisent	je lisais tu lisais il lisait n. lisions v. lisiez ils lisaient	je lirai tu liras il lira n. lirons v. lirez ils liront	je lirais tu lirais il lirait n. lirions v. liriez ils liraient	que je lise que tu lises qu'il lise que n. lisions que v. lisiez qu'ils lisent
26. ***manger*** 食べる mangeant mangé	je mange tu manges il mange n. mangeons v. mangez ils mangent	je mangeais tu mangeais il mangeait n. mangions v. mangiez ils mangeaient	je mangerai tu mangeras il mangera n. mangerons v. mangerez ils mangeront	je mangerais tu mangerais il mangerait n. mangerions v. mangeriez ils mangeraient	que je mange que tu manges qu'il mange que n. mangions que v. mangiez qu'ils mangent

不定詞 現在分詞 過去分詞	直　説　法			条　件　法	接　続　法
	現　在	半過去	単純未来	現　在	現　在
27. **mettre** 置く mettant mis	je mets tu mets il met n. mettons v. mettez ils mettent	je mettais tu mettais il mettait n. mettions v. mettiez ils mettaient	je mettrai tu mettras il mettra n. mettrons v. mettrez ils mettront	je mettrais tu mettrais il mettrait n. mettrions v. mettriez ils mettraient	que je mette que tu mettes qu'il mette que n. mettions que v. mettiez qu'ils mettent
28. **mourir** 死ぬ mourant mort	je meurs tu meurs il meurt n. mourons v. mourez ils meurent	je mourais tu mourais il mourait n. mourions v. mouriez ils mouraient	je mourrai tu mourras il mourra n. mourrons v. mourrez ils mourront	je mourrais tu mourrais il mourrait n. mourrions v. mourriez ils mourraient	que je meure que tu meures qu'il meure que n. mourions que v. mouriez qu'ils meurent
29. **naître** 生まれる naissant né	je nais tu nais il naît n. naissons v. naissez ils naissent	je naissais tu naissais il naissait n. naissions v. naissiez ils naissaient	je naîtrai tu naîtras il naîtra n. naîtrons v. naîtrez ils naîtront	je naîtrais tu naîtrais il naîtrait n. naîtrions v. naîtriez ils naîtraient	que je naisse que tu naisses qu'il naisse que n. naissions que v. naissiez qu'ils naissent
30. **ouvrir** 開ける ouvrant ouvert	j' ouvre tu ouvres il ouvre n. ouvrons v. ouvrez ils ouvrent	j' ouvrais tu ouvrais il ouvrait n. ouvrions v. ouvriez ils ouvraient	j' ouvrirai tu ouvriras il ouvrira n. ouvrirons v. ouvrirez ils ouvriront	j' ouvrirais tu ouvrirais il ouvrirait n. ouvririons v. ouvririez ils ouvriraient	que j' ouvre que tu ouvres qu'il ouvre que n. ouvrions que v. ouvriez qu'ils ouvrent
31. **partir** 出発する partant parti	je pars tu pars il part n. partons v. partez ils partent	je partais tu partais il partait n. partions v. partiez ils partaient	je partirai tu partiras il partira n. partirons v. partirez ils partiront	je partirais tu partirais il partirait n. partirions v. partiriez ils partiraient	que je parte que tu partes qu'il parte que n. partions que v. partiez qu'ils partent
32. **payer** 払う payant payé	je paie tu paies il paie n. payons v. payez ils paient	je payais tu payais il payait n. payions v. payiez ils payaient	je paierai tu paieras il paiera n. paierons v. paierez ils paieront	je paierais tu paierais il paierait n. paierions v. paieriez ils paieraient	que je paie que tu paies qu'il paie que n. payions que v. payiez qu'ils paient
33. **placer** 置く plaçant placé	je place tu places il place n. plaçons v. placez ils placent	je plaçais tu plaçais il plaçait n. placions v. placiez ils plaçaient	je placerai tu placeras il placera n. placerons v. placerez ils placeront	je placerais tu placerais il placerait n. placerions v. placeriez ils placeraient	que je place que tu places qu'il place que n. placions que v. placiez qu'ils placent
34. **plaire** 気に入る plaisant plu	je plais tu plais il plaît n. plaisons v. plaisez ils plaisent	je plaisais tu plaisais il plaisait n. plaisions v. plaisiez ils plaisaient	je plairai tu plairas il plaira n. plairons v. plairez ils plairont	je plairais tu plairais il plairait n. plairions v. plairiez ils plairaient	que je plaise que tu plaises qu'il plaise que n. plaisions que v. plaisiez qu'ils plaisent
35. **pleuvoir** 雨が降る pleuvant plu	il pleut	il pleuvait	il pleuvra	il pleuvrait	qu'il pleuve

不 定 詞 現在分詞 過去分詞	直　　説　　法			条 件 法	接 続 法
	現　在	半過去	単純未来	現　在	現　在
36. ***pouvoir*** …できる pouvant pu	je peux tu peux il peut n. pouvons v. pouvez ils peuvent	je pouvais tu pouvais il pouvait n. pouvions v. pouviez ils pouvaient	je pourrai tu pourras il pourra n. pourrons v. pourrez ils pourront	je pourrais tu pourrais il pourrait n. pourrions v. pourriez ils pourraient	que je puisse que tu puisses qu'il puisse que n. puissions que v. puissiez qu'ils puissent
37. ***préférer*** より好む préférant préféré	je préfère tu préfères il préfère n. préférons v. préférez ils préfèrent	je préférais tu préférais il préférait n. préférions v. préfériez ils préféraient	je préférerai tu préféreras il préférera n. préférerons v. préférerez ils préféreront	je préférerais tu préférerais il préférerait n. préférerions v. préféreriez ils préféreraient	que je préfère que tu préfères qu'il préfère que n. préférions que v. préfériez qu'ils préfèrent
38. ***prendre*** 手に取る prenant pris	je prends tu prends il prend n. prenons v. prenez ils prennent	je prenais tu prenais il prenait n. prenions v. preniez ils prenaient	je prendrai tu prendras il prendra n. prendrons v. prendrez ils prendront	je prendrais tu prendrais il prendrait n. prendrions v. prendriez ils prendraient	que je prenne que tu prennes qu'il prenne que n. prenions que v. preniez qu'ils prennent
39. ***recevoir*** 受け取る recevant reçu	je reçois tu reçois il reçoit n. recevons v. recevez ils reçoivent	je recevais tu recevais il recevait n. recevions v. receviez ils recevaient	je recevrai tu recevras il recevra n. recevrons v. recevrez ils recevront	je recevrais tu recevrais il recevrait n. recevrions v. recevriez ils recevraient	que je reçoive que tu reçoives qu'il reçoive que n. recevions que v. receviez qu'ils reçoivent
40. ***rendre*** 返す rendant rendu	je rends tu rends il rend n. rendons v. rendez ils rendent	je rendais tu rendais il rendait n. rendions v. rendiez ils rendaient	je rendrai tu rendras il rendra n. rendrons v. rendrez ils rendront	je rendrais tu rendrais il rendrait n. rendrions v. rendriez ils rendraient	que je rende que tu rendes qu'il rende que n. rendions que v. rendiez qu'ils rendent
41. ***résoudre*** 解く résolvant résolu	je résous tu résous il résout n. résolvons v. résolvez ils résolvent	je résolvais tu résolvais il résolvait n. résolvions v. résolviez ils résolvaient	je résoudrai tu résoudras il résoudra n. résoudrons v. résoudrez ils résoudront	je résoudrais tu résoudrais il résoudrait n. résoudrions v. résoudriez ils résoudraient	que je résolve que tu résolves qu'il résolve que n. résolvions que v. résolviez qu'ils résolvent
42. ***rire*** 笑う riant ri	je ris tu ris il rit n. rions v. riez ils rient	je riais tu riais il riait n. riions v. riiez ils riaient	je rirai tu riras il rira n. rirons v. rirez ils riront	je rirais tu rirais il rirait n. ririons v. ririez ils riraient	que je rie que tu ries qu'il rie que n. riions que v. riiez qu'ils rient
43. ***savoir*** 知っている sachant su	je sais tu sais il sait n. savons v. savez ils savent	je savais tu savais il savait n. savions v. saviez ils savaient	je saurai tu sauras il saura n. saurons v. saurez ils sauront	je saurais tu saurais il saurait n. saurions v. sauriez ils sauraient	que je sache que tu saches qu'il sache que n. sachions que v. sachiez qu'ils sachent
44. ***suffire*** 足りる suffisant suffi	je suffis tu suffis il suffit n. suffisons v. suffisez ils suffisent	je suffisais tu suffisais il suffisait n. suffisions v. suffisiez ils suffisaient	je suffirai tu suffiras il suffira n. suffirons v. suffirez ils suffiront	je suffirais tu suffirais il suffirait n. suffirions v. suffiriez ils suffiraient	que je suffise que tu suffises qu'il suffise que n. suffisions que v. suffisiez qu'ils suffisent

不定詞 現在分詞 過去分詞	直　　説　　法			条　件　法	接　続　法
	現　在	半過去	単純未来	現　在	現　在
45. *suivre* ついて行く suivant suivi	je suis tu suis il suit n. suivons v. suivez ils suivent	je suivais tu suivais il suivait n. suivions v. suiviez ils suivaient	je suivrai tu suivras il suivra n. suivrons v. suivrez ils suivront	je suivrais tu suivrais il suivrait n. suivrions v. suivriez ils suivraient	que je suive que tu suives qu'il suive que n. suivions que v. suiviez qu'ils suivent
46. *vaincre* 打ち破る vainquant vaincu	je vaincs tu vaincs il vainc n. vainquons v. vainquez ils vainquent	je vainquais tu vainquais il vainquait n. vainquions v. vainquiez ils vainquaient	je vaincrai tu vaincras il vaincra n. vaincrons v. vaincrez ils vaincront	je vaincrais tu vaincrais il vaincrait n. vaincrions v. vaincriez ils vaincraient	que je vainque que tu vainques qu'il vainque que n. vainquions que v. vainquiez qu'ils vainquent
47. *valoir* 価値がある valant valu	je vaux tu vaux il vaut n. valons v. valez ils valent	je valais tu valais il valait n. valions v. valiez ils valaient	je vaudrai tu vaudras il vaudra n. vaudrons v. vaudrez ils vaudront	je vaudrais tu vaudrais il vaudrait n. vaudrions v. vaudriez ils vaudraient	que je vaille que tu vailles qu'il vaille que n. valions que v. valiez qu'ils vaillent
48. *venir* 来る venant venu	je viens tu viens il vient n. venons v. venez ils viennent	je venais tu venais il venait n. venions v. veniez ils venaient	je viendrai tu viendras il viendra n. viendrons v. viendrez ils viendront	je viendrais tu viendrais il viendrait n. viendrions v. viendriez ils viendraient	que je vienne que tu viennes qu'il vienne que n. venions que v. veniez qu'ils viennent
49. *vivre* 生きる vivant vécu	je vis tu vis il vit n. vivons v. vivez ils vivent	je vivais tu vivais il vivait n. vivions v. viviez ils vivaient	je vivrai tu vivras il vivra n. vivrons v. vivrez ils vivront	je vivrais tu vivrais il vivrait n. vivrions v. vivriez ils vivraient	que je vive que tu vives qu'il vive que n. vivions que v. viviez qu'ils vivent
50. *voir* 見る voyant vu	je vois tu vois il voit n. voyons v. voyez ils voient	je voyais tu voyais il voyait n. voyions v. voyiez ils voyaient	je verrai tu verras il verra n. verrons v. verrez ils verront	je verrais tu verrais il verrait n. verrions v. verriez ils verraient	que je voie que tu voies qu'il voie que n. voyions que v. voyiez qu'ils voient
51. *vouloir* 欲しい voulant voulu	je veux tu veux il veut n. voulons v. voulez ils veulent	je voulais tu voulais il voulait n. voulions v. vouliez ils voulaient	je voudrai tu voudras il voudra n. voudrons v. voudrez ils voudront	je voudrais tu voudrais il voudrait n. voudrions v. voudriez ils voudraient	que je veuille que tu veuilles qu'il veuille que n. voulions que v. vouliez qu'ils veuillent

著者

Martine CARTON（マルチヌ カルトン）　学習院大学，早稲田大学

中尾 和美　　　　（なかお かずみ）　　東京外国語大学

海外領土から知るフランス

2020 年 2 月 20 日　第 1 版発行
2024 年 2 月 20 日　第 2 版発行

著　者　Martine CARTON　中尾和美
発行者　前田 俊秀
発行所　株式会社 三修社
　　　　〒 150-0001　東京都渋谷区神宮前 2-2-22
　　　　TEL 03-3405-4511　FAX 03-3405-4522
　　　　振替 00190-9-72758
　　　　https://www.sanshusha.co.jp
　　　　編集　松居奈都

印刷所　広研印刷株式会社

ブックデザイン　木ノ下 努〈Stardiver ALOHA DESIGN Div.〉
編集協力　　　　坂口友弥
ナレーター　　　Chris BELOUAD / Martine CARTON
準拠音声制作　　株式会社メディアスタイリスト

教科書準拠 CD 発売
本書の準拠 CD をご希望の方は弊社までお問い合わせください。